《云南省天然橡胶产业发展与战略研究》
编　委　会

主　编	孙向前	黎晟沅	黄　晓		
副主编	朱君金	李　靖	张桂梅	普金霞	张荣华
编　委	郭刚军	普卫东	徐永元	朱严瑾	高瑞蛟
	高　翔	鲁华仙	耿　凯	路　娜	李　亮
	冯丽梅	赵林翠	李茂松	刘安梅	王　雁
	郭璐璐	沈颖鸣	孙吉红	董家兰	赵　薇
	李　莹	普银富	许柳悦	王姝月	杨凤兰

云南省天然橡胶产业发展与战略研究

主　编　孙向前　黎晟沅　黄　晓
副主编　朱君金　李　靖　张桂梅　普金霞　张荣华

云南大学出版社
YUNNAN UNIVERSITY PRESS
——昆　明——

图书在版编目（CIP）数据

云南省天然橡胶产业发展与战略研究/孙向前，黎晟沅，黄晓主编.--昆明:云南大学出版社,2025.
ISBN 978-7-5482-5332-7

1.F426.74
中国国家版本馆CIP数据核字第20256988SM号

策划编辑：朱　军
责任编辑：范　娇
封面设计：王婳一

YUNNANSHENG TIANRAN XIANGJIAO
CHANYE FAZHAN YU ZHANLUE YANJIU

云南省天然橡胶产业发展与战略研究

主　编　孙向前　黎晟沅　黄　晓
副主编　朱君金　李　靖　张桂梅　普金霞　张荣华

出版发行：云南大学出版社
印　　装：云南南方印业有限责任公司
开　　本：787mm×1092mm　1/16
印　　张：12.375
字　　数：220千字
版　　次：2025年4月第1版
印　　次：2025年4月第1次印刷
书　　号：ISBN　978-7-5482-5332-7
定　　价：59.00元

社　　址：昆明市一二一大街182号（云南大学东陆校区英华园内）
邮　　编：650091
发行电话：0871-65033244　65031071
网　　址：http://www.ynup.com
E－mail：market@ynup.com

若发现本书有印装质量问题，请与出版社联系调换，联系电话：0871—65031057。

前　言

天然橡胶是四大工业原料中唯一的可再生资源，属于天然有机高分子材料，优异的性能使其广泛应用于民生、国防等领域，是不可或缺的战略物资。目前，市售天然橡胶主要来源为巴西橡胶树。我国引种橡胶最早的是云南，由德宏土司刀安仁从新加坡引种于盈江县，后续台湾、海南陆续引种成活，但均种植规模不大、产量不高。新中国成立后，在国家领导人的大力支持下，经过老一辈科学家们艰苦卓绝的奋斗，天然橡胶成功在我国大规模种植。在云南，科技人员从云南特殊的自然条件出发，克服诸多困难，经过长期、艰辛的试验研究和生产实践，解决了橡胶北移中一连串的关键问题，总结出云南热带北缘非传统植胶区抗旱高产的一整套综合技术，实现了大面积高产稳产的世界植胶史上的奇迹，为保障我国国民经济的稳定运行和国防建设安全发挥了不可或缺的作用。

云南、海南、广东是我国橡胶种植的主要省份。与海南、广东相比，云南具有无台风威胁的先天优势，目前已成为全国植胶面积第一、总产量第一、单产水平第一的优质天然橡胶生产基地，为保障国家天然橡胶资源安全和促进边疆民族地区稳定繁荣发挥着“压舱石”的作用。2022 年，国内天然橡胶种植面积为 1682 万亩，产量为 85.6 万吨，云南天然橡胶的种植面积和产量分别占全国总量的 49.9% 和 56.6%，现已成为我国最大的天然橡胶产区。2023 年 11 月，云南省工信厅、省发展改革委、省商务厅、省农业农村厅、省农垦局 5 部门联合印发的《云南省天然橡胶一二三产业融合发展实施意见》，明确提出发挥云南省天然橡胶原料和区位优势，加快构建天然橡胶种植、加工、贸易产业体系，努力把橡胶产业打造成为千亿级优势产业；到 2025 年，云南橡胶种植面积、产量稳定在 850 万亩、46 万吨以上，综合产值达到 600 亿元的产业发展目标。

云南省长期以来按照国家关于实施重要农产品保障战略的安排部署，承担着国家天然橡胶基地建设和资源供应保障责任。但全球经济疲软、橡胶价格持续低迷、橡胶生产劳动力成本不断上涨等诸多不利因素的叠加影响，使橡胶行业的收益严重下滑，胶树弃割、弃管、改种现象严重。橡胶行业整体发展环境欠佳，尤其近几年新冠疫情对其造成了前所未有的冲击，致使出口量下滑、产品供需失衡，企业承受着巨大压力，各种资源处于极限运作状态。当前，橡胶产业链整体呈现“大资源、小产业”的格局：上游产业发展不协同，良种供给能力不足，初加工产能过剩，工艺设备落后，自动化、规模化、集约化程度低；中游产业仓储物流、骨架材料、设备、辅料、生产物资等辅链、支链产业发展滞后；下游产业处于培育发展阶段，整体规模体量小，引领带动作用不明显。这一系列原因使天然橡胶行业的健康发展面临严峻考验。

本书初次较为系统地对云南省天然橡胶产业情况和发展战略进行研究，主要从云南天然橡胶行业发展现状、云南天然橡胶产业技术发展状况、云南天然橡胶产业环境及竞争结构、云南天然橡胶产业战略地位及环境政策、云南省天然橡胶产业高质量发展战略等方面进行介绍和探讨，为推进云南天然橡胶产业高质量可持续发展提供策略和保障。

本书在编写过程中，得到云南省农垦局、云南省热带作物科学研究所、红河州科学技术院、橡胶主产区州市农业主管部门等单位的大力支持与帮助，在此一并表示诚挚的感谢！

由于编写时间仓促，资料收集不尽全面，加之学识水平和实际经验有限，书中难免存在疏漏之处，恳请广大同人和读者批评指正，共同为云南省天然橡胶产业的发展建言献策。

编　者

2024 年 12 月

目　录

第一篇　产业发展篇

第一篇

产业发展篇

1

国内外天然橡胶产业发展概述

当今，天然橡胶工业产品不胜枚举，不仅应用于日常生活，以及医疗、交通等领域，而且广泛应用在采掘、建筑、机械、电子、航空航天、国防等领域。

关于天然橡胶的起源，可追溯到15世纪的中美洲地区，但天然橡胶人工种植却是随着近代资本主义的扩张而兴盛于东南亚。第二次工业革命的发展以及汽车工业的出现，推动了橡胶工业的蓬勃发展。1844年，美国发明家固特异开发出了橡胶硫化技术，使得天然橡胶成为真正的工业原料。1888年，英国人邓禄普制造出第一条充气自行车轮胎，拉开了以制造轮胎为主的橡胶工业的序幕。

历经两次世界大战，汽车工业、军事工业、橡胶工业得到飞速发展。战争使人们充分认识到天然橡胶不仅仅是重要的工业原料，还是国家重要的战略物资。

第一次世界大战期间，天然橡胶开始应用于军事工业。协约国为击败德国，封锁了德国的海上天然橡胶运输线，倒逼德国开始了最早的合成橡胶——甲基橡胶的研发和小批量生产。

第二次世界大战期间，发达国家的汽车、飞机、坦克、潜艇等军事工业蓬勃发展，耳熟能详的“闪击战”“坦克战”就是在国际天然橡胶工业大发展的背景下诞生的。就在珍珠港被偷袭的第二天，日本在中国战场长线鏖战的同时多线作战，出兵侵占了英属马来亚和荷属东印度，从而控制了天然橡胶全球供应量的95%。美国即刻认识到自己处于橡胶资源匮乏的危机之中，因为一辆谢尔曼坦克需半吨橡胶制造，每一艘战舰都有2万个橡胶零部件，每一个工厂、家庭、办公室和军事设施里的每一寸电线上都需要橡胶包裹。即使把每一个可以想到的橡胶来源考虑在内，按照通常的消费速度，美国也只有约一年的橡胶供应量，而且这仅够使用一年的橡胶需要拿出绝大部分来支撑这个国家历史上规模最大且最重要的工业扩张——装备盟军的部队。历史又一次验证了天然橡胶作为战略储备的重要性。

天然橡胶不是所有纬度带都适合种植，这使得天然橡胶的战略储备关乎国防安全。新中国成立后，为打破以美国为首的西方国家对中国的贸易禁运，几十万中华优秀儿女响应党和国家的号召，离开家乡和亲人来到垦区腹地，在艰难的环境中，披荆斩棘，长期奋战，终于在祖国边疆种植和生产出国家所需要的战略物资——天然橡胶。

历经三代农垦橡胶人的耕耘，我国的天然橡胶种植面积和产量已经跻身世界第四，然而我国每年仍有80%以上的天然橡胶需要进口。随着科技的发展，橡胶材料衍生出多个种类，但是天然橡胶在军事工业的很多领域依然具有不可替代的地位，尤其是军工和高端民用胶长期依赖进口。在当前的国际形势下，我国天然橡胶的安全供给面临诸多挑战。虽然天然橡胶产业的规模和结构在未来可能发生深刻变化，但在继续保障国家战略物资供给安全、加强国家资源安全能力建设等方面，其仍需要长期发挥“压舱石”的作用。

1.1　国外天然橡胶产业概况

天然橡胶的种植，分布在亚洲、非洲、大洋洲、拉丁美洲40多个国家和地区，主要种植地在亚洲地区。其中，亚洲地区的天然橡胶产量约占全球产量的93%，东南亚地区更是全球的天然橡胶主产区。

1.1.1　主产区国家天然橡胶产业种植与生产情况

目前，泰国、印度尼西亚、马来西亚、中国等13个国家组成了天然橡胶生产国协会，简称ANRPC。据ANRPC统计，2018年，东南亚天然橡胶产量为1165万吨，占世界天然橡胶产量（1379万吨）的84.4%。东南亚天然橡胶割胶面积为1064.2万公顷，占世界天然橡胶割胶面积（1331.14万公顷）的80%。

可见，东南亚天然橡胶产业在世界天然橡胶市场上的重要地位。2018 年，中国的天然橡胶产量为 83.7 万吨，仅占全球产量的 6%。

从图 1－1 我们可以看出，2018 年泰国、印度尼西亚、马来西亚三国天然橡胶产量占世界总产量的 66% 左右。2002 年，泰国、印度尼西亚、马来西亚组成国际橡胶联盟，成为第一个国际天然橡胶卡特尔组织，长期垄断国际天然橡胶的市场供应，并且左右国际胶价的走向。

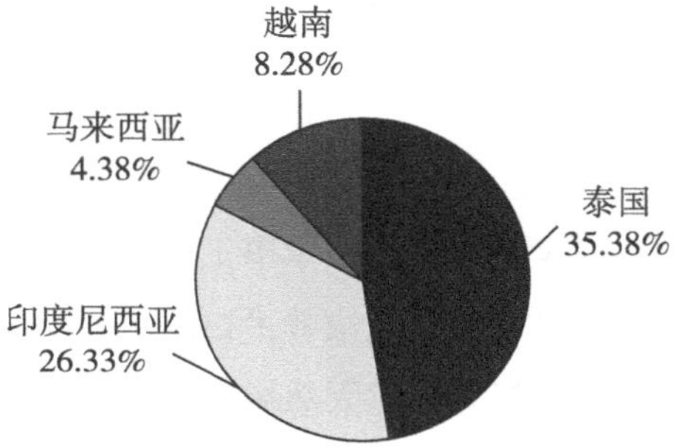

图 1－1　2018 年主要产胶国橡胶产量占世界产量的份额（数据来源于 ANRPC）

从表 1－1 可以看出，2008—2018 年泰国天然橡胶产量依然保持较快增长，印度尼西亚保持周期性增长，马来西亚出现周期性负增长并导致产量逐渐萎缩。此外，越南、菲律宾、缅甸、老挝等国天然橡胶种植及产量迅速发展，其橡胶种植面积和产量增长速度均高于世界平均增长速度，进而成为区域内新兴的天然橡胶生产国。

表 1－1　2008—2018 年天然橡胶主产区主要产胶国年产胶量

（单位：万吨）

年度	泰国	增长率	印度尼西亚	增长率	马来西亚	增长率	越南	增长率	合计
2008	309.0	–	275.1	–	107.2	–	66.3	–	757.6
2009	316.4	2.4%	244.0	–11.3%	85.7	–20.1%	72.4	9.2%	718.5
2010	325.2	2.8%	273.5	12.1%	93.9	9.6%	75.2	3.9%	767.8

续　表

年度	泰国	增长率	印度尼西亚	增长率	马来西亚	增长率	越南	增长率	合计
2011	356.9	9.7%	299.0	9.3%	99.6	6.1%	78.9	5.0%	834.4
2012	377.8	5.9%	301.2	0.7%	92.3	-7.4%	87.7	11.1%	859.0
2013	280.3	-25.8%	214.5	-28.8%	45.0	-51.2%	65.4	-25.4%	605.2
2014	432.3	54.2%	315.3	47.0%	66.9	48.6%	95.4	45.8%	909.9
2015	447.3	3.5%	314.5	-0.2%	72.2	8.0%	101.7	6.6%	935.7
2016	418.4	-6.5%	315.7	0.4%	67.4	-6.7%	103.2	1.5%	904.7
2017	442.9	5.8%	362.9	14.9%	74.0	9.8%	108.7	5.3%	988.5
2018	487.9	10.2%	363.0	0.0%	60.4	-18.4%	114.2	5.1%	1025.5

从图1-2我们可以看出，泰国、印度尼西亚、马来西亚、越南四国天然橡胶种植面积占世界天然橡胶总种植面积的70%左右。2010年1月，泰国、马来西亚、印度尼西亚三国橡胶理事会（ITRC）邀请越南加入，于是ITRC橡胶总产量占全球橡胶的总产量由66%提高到74%，国际橡胶联盟在国际橡胶贸易市场的主导作用得到进一步加强。国际橡胶联盟的成立对天然橡胶国际贸易格局产生深远的影响，并且对泰国、印度尼西亚、马来西亚、越南四产胶国的橡胶贸易政策起到指导作用。

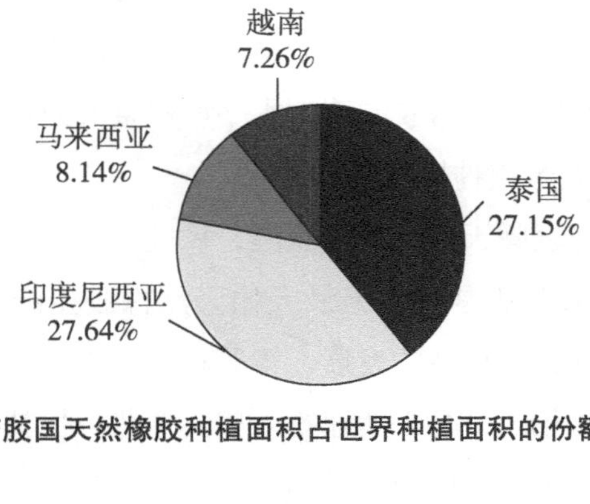

图1-2　2018年主要产胶国天然橡胶种植面积占世界种植面积的份额（数据来源于ANRPC）

综合种植和生产统计数据，主产区的主要产胶国和其他产胶国的种植和生产情况如下：

（1）泰国天然橡胶种植与生产情况

1991年，泰国超越马来西亚成为世界上最大的天然橡胶生产国。泰国橡胶业不仅是农业的支柱产业，同时在就业和创汇方面起着重要作用。据统计，泰国天然橡胶95%来自小规模种植户，约有600万人的生计与天然橡胶产业相关。2018年，泰国出口天然橡胶411.22万吨，创汇64亿美元。由于天然橡胶产业在国民经济方面的突出作用，天然橡胶产业在泰国被冠以“黄金农业”的美誉。在天然橡胶生产方面，泰国是世界上最大的天然橡胶生产国。2018年，泰国天然橡胶产量为487.9万吨，占世界天然橡胶总产量的35.38%。在橡胶种植方面，泰国是世界第二大橡胶种植国，仅次于印度尼西亚。2018年，泰国橡胶种植面积为361万公顷，割胶率为86%。泰国橡胶种植主要集中在泰国南部，近年来逐渐移往中部、北部和东北部。

（2）印度尼西亚天然橡胶种植与生产情况

印度尼西亚是天然橡胶大规模商业种植的起源地，并且一直保持着橡胶生产大国的地位。在天然橡胶生产方面，印度尼西亚是世界第二大天然橡胶生产国，仅次于泰国。2018年，印度尼西亚天然橡胶产量为363万吨，占世界天然橡胶总产量的26.33%。在天然橡胶种植方面，印度尼西亚是世界上最大的天然橡胶种植国。2018年，印度尼西亚天然橡胶种植面积为368万公顷，割胶率为85%。印度尼西亚橡胶种植主要分布在苏门答腊岛和加里曼丹岛，橡胶种植园有三种类型——国营胶园、私营胶园和小农场主胶园，其中小农场主胶园居主导地位。从胶园类型来看，印度尼西亚国营胶园和私营胶园管理水平和资金实力较好，生产效率较高。

（3）马来西亚天然橡胶种植与生产情况

马来西亚是东南亚老牌天然橡胶生产国，橡胶种植业曾是其两大支柱产业之一。1990年以前，马来西亚是世界上最大的天然橡胶生产国。但随着马来西亚工业化进程的加快和油棕种植业的发展，橡胶种植与生产逐年萎缩。虽然在天然橡胶生产方面，与泰国相比，马来西亚难以望其项背，但其仍是世界上主要的产胶国之一，特别是其下游橡胶产业遥遥领先于东南亚其他国家。在天然橡胶生产方面，2018年，马来西亚天然橡胶产量为60.4万吨，占世界天然橡胶总产量的

4.38%。在天然橡胶种植方面，2018年，马来西亚橡胶种植面积为108万公顷，割胶率为38%。马来西亚天然橡胶产业在种植面积方面居世界第三位，产量居东南亚第四位。

（4）越南天然橡胶种植与生产情况

越南是近年来迅速崛起的新兴天然橡胶生产国，一跃成为东南亚的第三大天然橡胶生产国。天然橡胶在越南国民经济中占有重要地位，成为仅次于大米和木器的第三大农林出口产品。在橡胶种植方面，2018年，越南橡胶种植面积为97万公顷，为东南亚第三种植大国，割胶率为71%。在天然橡胶产量方面，2018年，越南天然橡胶产量为114.2万吨，占世界天然橡胶总产量的8.28%。越南橡胶主要集中在越南东南部和中部高原地区，越往南橡胶单产越高。越南东南部天然橡胶单产达1.86吨/公顷，全国平均单产为1.72吨/公顷。

（5）东南亚其他产胶国天然橡胶种植与生产情况

除了上述主要的四产胶国外，东南亚其他产胶国的天然橡胶产业规模都比较小。近年来，这些国家的天然橡胶产业发展迅速，在橡胶种植面积和产量方面获得了长足的进步，成为继越南之后的新兴产胶国。在天然橡胶生产方面，2018年，菲律宾、缅甸、柬埔寨、老挝的天然橡胶总产量约为97万吨，占世界天然橡胶总产量的4.7%。在天然橡胶种植方面，2018年，菲律宾、缅甸、柬埔寨、老挝四国的天然橡胶种植面积为130万公顷，占世界天然橡胶总种植面积的13.5%。可见，菲律宾、缅甸、柬埔寨、老挝四国的天然橡胶产业也具有一定的规模，并且成为东南亚天然橡胶新的增长点（见表1-2）。

表1-2　2008—2018年天然橡胶主要产胶国种植及开割面积

（单位：万公顷）

年份	印度尼西亚			泰国			马来西亚			越南		
	种植面积	开割面积	开割率	种植面积	开割面积	开割率	种植面积	开割面积	开割率	种植面积	开割面积	开割率
2008	342	277	81%	220	198	90%	125	75	60%	63	40	63%
2009	344	271	79%	223	206	92%	103	59	57%	68	42	62%

续 表

年份	印度尼西亚			泰国			马来西亚			越南		
	种植面积	开割面积	开割率	种植面积	开割面积	开割率	种植面积	开割面积	开割率	种植面积	开割面积	开割率
2010	345	277	80%	244	218	89%	102	63	62%	75	44	59%
2011	346	279	81%	321	233	73%	103	66	65%	80	46	57%
2012	351	281	80%	337	267	79%	104	63	61%	92	51	56%
2013	356	299	84%	355	278	78%	106	59	56%	96	55	57%
2014	361	300	83%	366	291	79%	107	50	47%	98	57	58%
2015	362	304	84%	370	299	81%	107	51	48%	99	60	61%
2016	364	304	84%	367	312	85%	108	48	45%	97	62	64%
2017	366	305	83%	363	308	85%	108	52	48%	97	65	67%
2018	368	313	85%	361	311	86%	108	42	38%	97	69	71%

1.1.2 主产区国家天然橡胶消费与贸易情况

天然橡胶产业是典型的资源约束型产业，对气候和土壤等地理条件要求极为严格。天然橡胶生产国多集中在气候炎热且湿润、土壤排水条件较好的地区，如东南亚的气候条件和土壤条件非常适宜种植天然橡胶。天然橡胶引入东南亚后，特别是汽车业迅速发展后，天然橡胶种植业迅速成为东南亚颇具特色的优势产业。

由表 1－3 和表 1－4 可以看出，2008—2018 年，天然橡胶产量约占世界 66% 的主产区四个国家的年均消费总量仅为世界消费总量的 15%。随着东南亚各国积极推进工业化，中下游橡胶产业得到一定程度的发展。其间，马来西亚、泰国、印度尼西亚等国为促进中下游橡胶产业的发展，纷纷出台措施，以限制天然橡胶的出口，有计划地增加天然橡胶的消费量。从表 1－4 可以看出，马来西亚的消费率增长快速，泰国和印度尼西亚的消费率均稳定在 12%～18% 之间，越南在 2009 年因金融危机部分外国工厂迁入后消费率井喷式增长，而后又稳定在 18% 左右。

表 1－3　2008—2018 年天然橡胶主产区主要产胶国的天然橡胶年消费量

（单位：万吨）

年度	泰国	增长率	印度尼西亚	增长率	马来西亚	增长率	越南	增长率	合计
2008	39.8	–	41.4	–	46.9	–	10.0	–	138.1
2009	39.9	0.3%	42.6	2.9%	47.0	0.1%	39.9	299.0%	169.4
2010	45.9	15.0%	43.8	2.8%	47.8	1.7%	14.0	–64.9%	151.5
2011	48.7	6.1%	47.4	8.2%	42.1	–11.8%	14.5	3.6%	152.7
2012	50.5	3.7%	54.8	15.6%	45.9	9.0%	15.0	3.4%	166.2
2013	40.3	–20.1%	38.7	–29.3%	31.8	–30.8%	12.2	–19.0%	123.0
2014	54.1	34.1%	58.0	49.7%	45.9	44.4%	15.7	29.4%	173.7
2015	60.1	11.0%	54.1	–6.7%	48.4	5.5%	17.6	11.9%	180.1
2016	65.0	8.2%	60.8	12.4%	50.4	4.1%	19.4	10.2%	195.6
2017	70.0	7.7%	63.0	3.6%	51.8	2.8%	21.4	10.3%	206.1
2018	72.0	2.9%	65.3	3.7%	54.1	4.5%	22.5	5.1%	213.9

表 1－4　2008—2018 年天然橡胶主产区主要产胶国的天然橡胶年消费率

（单位:%）

年度	泰国	增长率	印度尼西亚	增长率	马来西亚	增长率	越南	增长率
2008	12.9	–	15.0	–	43.7	–	15.1	–
2009	12.6	–2.1	17.5	16.0	54.8	25.3	55.1	265.5
2010	14.1	11.9	16.0	–8.3	50.8	–7.2	18.6	–66.2
2011	13.6	–3.3	15.9	–1.0	42.3	–16.9	18.4	–1.4
2012	13.4	–2.0	18.2	14.8	49.7	17.6	17.1	–6.9
2013	14.4	7.6	18.1	–0.7	70.5	41.9	18.6	8.6
2014	12.5	–13.0	18.4	1.9	68.6	–2.8	16.5	–11.2
2015	13.4	7.3	17.2	–6.5	67.0	–2.3	17.3	4.9
2016	15.5	15.7	19.3	12.0	74.7	11.6	18.8	8.6
2017	15.8	1.7	17.4	–9.9	69.9	–6.4	19.7	4.8
2018	14.8	–6.6	18.0	3.6	89.6	28.1	19.7	0.1

综合生产和消费统计数据，主产区的主要产胶国和其他产胶国天然橡胶消费情况如下：

（1）泰国天然橡胶消费情况

泰国下游橡胶产业发展相对滞后，天然橡胶消费量相对其产量较小。20 世纪 90 年代，泰国下游橡胶产业的发展得益于汽车制造业的发展。国外轮胎企业纷纷在泰国投资设厂，经过多年发展，泰国逐渐形成以轮胎为主导的橡胶制造业，其天然橡胶消费量占总消费量的46% ~51%。其中，非轮胎制造业中手套消费橡胶占 13% ~17%、胶带占 10% ~13%、弹性制品材料占 8% ~12%。2018 年，泰国天然橡胶消费量为 72 万吨，消费率仅为 14.8%，占世界天然橡胶消费总量的 5%。泰国为促进下游橡胶产业的发展，在 5 年内将国内天然橡胶使用率增加至 20%，通过增加橡胶制造业的消费量，提高下游橡胶产业的产值。

（2）马来西亚天然橡胶消费情况

马来西亚天然橡胶产业经过多年的发展，其下游橡胶产品制造业得到了充分发展，每年消耗大量的天然橡胶。2018 年，马来西亚天然橡胶消费量为 54.1 万吨，消费率为 89.6%，占世界消费量的 3.8%。马来西亚下游橡胶产业比较发达，橡胶制品种类丰富多样、出口到 140 多个国家和地区，尤其是其无缝橡胶制品（橡胶手套、避孕套等）几乎占领全球市场。马来西亚的橡胶制品以乳胶制品为主，其次为轮胎、胶鞋和其他橡胶制品，其中乳胶制品消费橡胶占总消费量的 80%。

（3）印度尼西亚天然橡胶消费情况

印度尼西亚也拥有丰富的天然橡胶资源，但其橡胶加工技术较为落后，且制造业不发达，因此国内天然橡胶消费量较低。2018 年，印度尼西亚国内市场消费天然橡胶 65.3 万吨，消费率为 18%，占世界消费总量的 4.6%。印度尼西亚下游橡胶工业也是以轮胎产业为主，其中 55% 的消费在轮胎产业。印度尼西亚国内其他橡胶制品终端用户主要有汽车翻新修补业、鞋袜业、输送业、橡胶管、码头平台和其他种类工业、家用和体育橡胶制品。

（4）东南亚其他产胶国天然橡胶消费情况

越南、菲律宾、缅甸、柬埔寨和老挝等国上游橡胶种植业发展迅速，很快成为新兴的产胶国。但是，这五国下游橡胶产业仍处于起步阶段，且都以外资兴建的轮胎制造业为主，本土橡胶制品业发展滞后，导致其国内天然橡胶消费水平较低。2018 年，越南和菲律宾天然橡胶消费率分别为 19.7% 和 39.7%。越南和菲律宾政府为提高橡胶经济效益，积极寻求国外轮胎企业投资本国轮胎制造业，并将此作为橡胶产业未来的发展重点。缅甸、柬埔寨、老挝等国橡胶加工业水平低下，几乎没有橡胶制品业。因此，这几个国家的国内天然橡胶消费率很低。

东南亚作为世界天然橡胶生产基地，除了约 20% 的天然橡胶用于本地区消费外，约 80% 的天然橡胶用于出口。其中泰国、印度尼西亚、马来西亚和越南是天然橡胶出口大国，它们出口的天然橡胶几乎满足了世界 70% 以上的天然橡胶需求。第二次世界大战后，随着世界经济的发展，东南亚天然橡胶出口量持续稳定地增长，满足了世界橡胶工业的大部分需求。据统计，东南亚天然橡胶出口量从 1961 年的 184.87 万吨增加到 2018 年的 1006.9 万吨，年均增长率为 7.8%。

综合出口统计数据，主产区的主要产胶国和其他产胶国天然橡胶的出口状况如下：

泰国是世界上最大的天然橡胶出口国，也是中国第一大橡胶进口来源国。2018 年，泰国天然橡胶出口量为 411.2 万吨，占其天然橡胶产量的 84.2%，占世界出口总量的 40.8%。

印度尼西亚是世界第二大天然橡胶出口国，也是中国第二大橡胶进口来源国。2018 年，印度尼西亚天然橡胶出口量为 295.4 万吨，占世界天然橡胶出口总量的 29.3%。

2018 年，越南的天然橡胶出口量超越马来西亚，成为世界第三大天然橡胶出口国，同时也是中国第三大橡胶进口来源国。2018 年，越南天然橡胶出口量为 150 万吨，占世界天然橡胶出口份额的 14.9%。

马来西亚是世界第四大天然橡胶出口国，同时也是中国第四大天然橡胶进口来源国。2018 年，马来西亚天然橡胶出口量为 112.3 万吨，占世界天然橡胶出口份额的 12%。

缅甸、老挝、柬埔寨、菲律宾等国的天然橡胶出口量较小，总体占世界天然橡胶出口份额的 9%。2018 年，缅甸天然橡胶出口量为 30 万吨，由于缅甸出口的天然橡胶质量低下，出口市场仅仅局限在亚洲，其中中国市场占90%的份额；老挝天然橡胶出口量为28万吨；柬埔寨天然橡胶出口量为22万吨；菲律宾天然橡胶出口量为11万吨，占本国天然橡胶产量的34.7%（见表1-5）。

表1-5　2008—2018年天然橡胶主产区主要产胶国的年出口量

（单位：万吨）

年度	泰国	增长率	印度尼西亚	增长率	马来西亚	增长率	越南	增长率	合计
2008	267.5	-	229.5	-	91.7	-	62.0	-	650.6
2009	272.6	1.9%	199.1	-13.3%	70.3	-23.3%	73.1	18.1%	615.2
2010	286.6	5.1%	237.4	19.2%	127.1	80.7%	78.2	6.9%	729.3
2011	295.2	3.0%	257.1	8.3%	125.7	-1.1%	81.6	4.4%	759.7
2012	312.1	5.7%	253.1	-1.6%	134.4	6.9%	102.3	25.3%	802.0
2013	248.1	-20.5%	181.0	-28.5%	75.8	-43.6%	78.9	-22.8%	583.8
2014	377.0	52.0%	269.0	48.7%	121.6	60.4%	106.6	35.1%	874.2
2015	375.0	-0.5%	267.4	-0.6%	113.2	-6.9%	113.8	6.7%	869.3
2016	380.5	1.5%	260.3	-2.7%	105.3	-7.0%	125.4	10.2%	871.6
2017	409.7	7.7%	327.7	25.9%	121.7	15.6%	138.0	10.0%	997.1
2018	411.2	0.4%	295.4	-9.8%	112.3	-7.7%	150.0	8.7%	969.0

1.1.3　主产区国家天然橡胶产业的发展情况

全球金融危机过后，亚洲成为世界天然橡胶的消费中心。随着亚洲各新兴国家经济的崛起，亚洲天然橡胶产量和消费量增长明显，其全球橡胶产业重心的地位也得到进一步加强。在这样的国际背景下，东南亚天然橡胶市场发生了深刻的变化，泰国、印度尼西亚、马来西亚三国在天然橡胶产量上仍处于领先地位，越南、缅甸、菲律宾、柬埔寨和老挝等五国天然橡胶产量迅速增长，成为世界天然橡胶新的增长点。与此同时，各产胶国开始注重中下游橡胶产业的发展，积极推进天然橡胶产业升级。

2018年，东南亚天然橡胶总产量为1165万吨，同期世界天然橡胶产量为

1379 万吨，占世界天然橡胶产量的 84. 4%；东南亚天然橡胶产量的市场份额与 2000 年的 73. 9% 相比，提高了 10. 5 个百分点。2000—2018 年，东南亚天然橡胶年均增长率为 4. 52%，高于同期世界平均增长率 4. 25%。

由此可见，东南亚在天然橡胶生产方面依然占主导地位，并且其国际市场份额有加大趋势。泰国、印度尼西亚、马来西亚是东南亚三大传统产胶国，三国天然橡胶产量占世界产量的 66% 以上，在东南亚区域内依然占据主导地位。越南、缅甸、菲律宾、柬埔寨、老挝等国是传统的农业国，土地资源丰富，在橡胶种植与生产方面条件优越。近年来，橡胶种植业成为这五国农业发展的重点，各国政府都在不同程度上扶持本国天然橡胶产业，未来发展潜力巨大。总体而言，东南亚依然是世界上最大的天然橡胶生产基地，并且其国际橡胶市场的主导地位得到进一步加强。

（1）天然橡胶主产区国家的橡胶供给情况

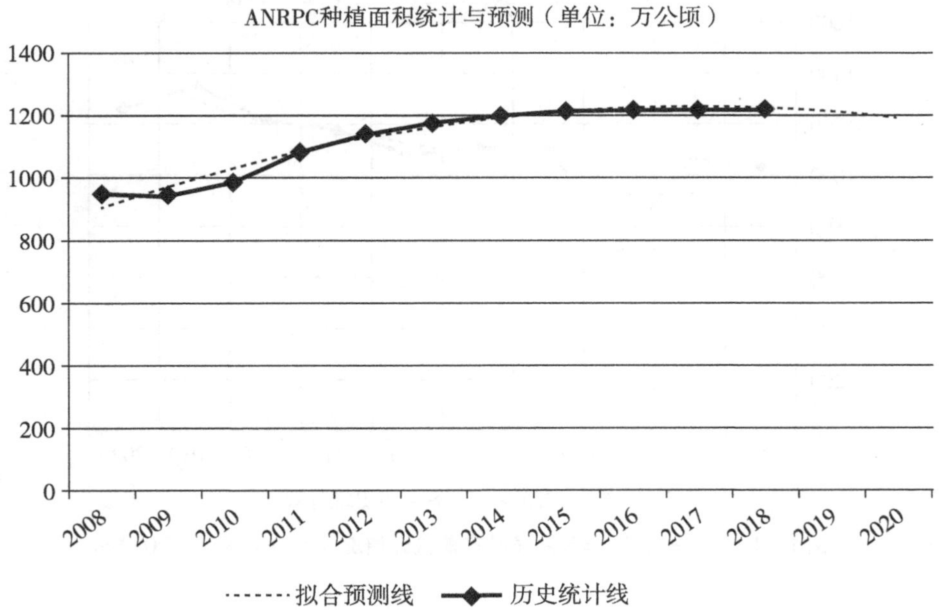

图 1－3　2008—2020 年天然橡胶主产区国家橡胶种植面积统计情况（数据来源于 WIDE）

21 世纪以来，东南亚天然橡胶市场发生很大的变化。在世界范围内，东南亚橡胶割胶面积由2000 年的556. 4 万公顷增加到2018 年的1064. 2 万公顷，增加了91. 3%，从占世界总面积的75. 93%提高到80%。根据 ANRPC 成员国10 年的橡胶种植面积汇总回归分析（如图1 –3），未来几年主要产胶国的种植面积将会保持现有面积低速增长或负增长。结合当前的气候因素、经济形势以及天然橡胶价格分析，东南亚天然橡胶种植在未来几年将会持续出现零增长或负增长。该地区会由于中国劳力成本增加、土地成本居高不下等因素，致使橡胶制造产业逐步迁移，从控制新增种植面积转向开发各国国内的下游加工业或扩大消费面，以推动本国橡胶产业发展，进而摆脱橡胶价格持续低迷的困境。

东南亚天然橡胶产量由2000 年的513. 9 万吨增加到2018 年的1165 万吨，从占世界天然橡胶总产量的73. 97%提到84. 4%，其在世界天然橡胶产量所占比重也有所提升。从图1 –4 ANRPC 近10 年的产量数据回归分析可以看出，东南亚地区的天然橡胶产量基本呈持续增长趋势。

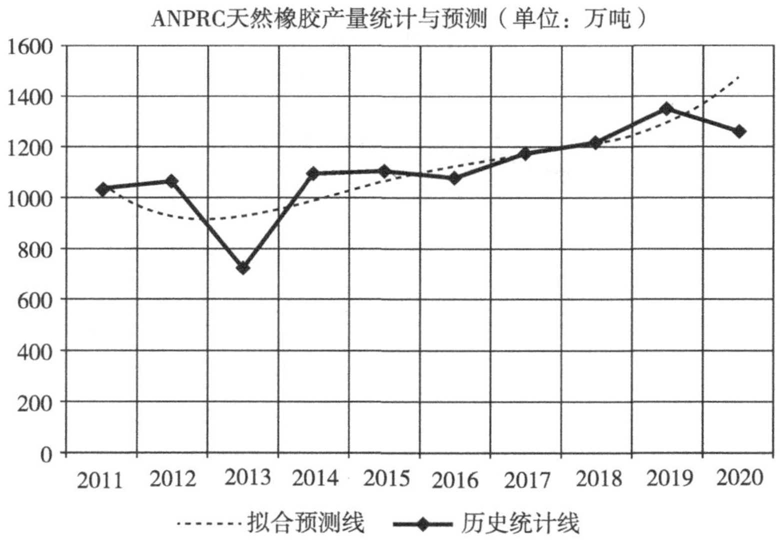

图1 –4　2011—2020 年天然橡胶产量统计情况（数据来源于 WIDE）

在东南亚区域内，泰国、印度尼西亚、马来西亚三个传统产胶国，在2009—

2018 年间，橡胶种植面积年均增长率为 2. 1% ，橡胶产量年均增长率为 4. 5% ；而越南、菲律宾、缅甸、柬埔寨等新兴产胶国，在 2008—2018 年间，橡胶种植面积年均增长率为 8. 94% ，橡胶产量年均增长率为 7. 7% 。可见，与传统产胶国相比，新兴产胶国上游橡胶业发展迅速。新兴产胶国在东南亚的市场份额由 2000 年的 8. 52% 提高到 2018 年的 14% 。总体而言，东南亚依然是世界上最大的天然橡胶生产基地，且其市场份额正在缓慢上升，主导地位得到进一步加强。在东南亚区域市场，新兴产胶国在橡胶种植与生产方面的增长率高于传统产胶国，其在东南亚的橡胶市场份额正逐年扩大，成为全球天然橡胶市场新的增长点。

（2）天然橡胶主产区国家传统产胶国天然橡胶的供给情况

成为世界上最大的天然橡胶生产国后，泰国橡胶产业规模一直保持稳定的增长趋势，始终保持着世界最大橡胶生产基地的地位。一直以来，泰国政府鼓励扩大橡胶种植和更新新型高产胶树，并成立橡胶更新援助基金办公室。泰国政府还通过税收减免、免费为胶农培训技术、免费检验橡胶质量和保护橡胶收购价等措施促进泰国上游橡胶业的发展。进入 21 世纪以来，泰国橡胶种植与生产继续保持增长趋势。

由表 1 – 6 可知，2009—2018 年，泰国橡胶种植面积年均增长率为 5. 5% ，天然橡胶产量年均增长率为 6. 2% ，略低于新兴产胶国越南的平均增长率。

印度尼西亚是世界上最大的橡胶种植国、第二大橡胶生产国，其橡胶产量始终保持高位增长。印度尼西亚政府一贯鼓励、推动橡胶产业发展，为此印度尼西亚农业部对橡胶产业进行规划，并制订短期和长期发展计划。与东南亚其他产胶国相比，印度尼西亚在劳动力和土地资源方面具有较大优势，可提升橡胶种植面积和产量的空间很大。21 世纪以来，印度尼西亚橡胶产业得到更快发展。2009—2018 年，印度尼西亚橡胶种植面积年均增长率为 0. 7% ，天然橡胶产量年均增长率为 4. 4% ，略低于东盟的平均增长率。鉴于印度尼西亚橡胶产业的增长率高于泰国，并且具备劳动力和土地资源上的优势，可以预见印度尼西亚在吸纳部分中国过剩的加工产能后，将超越泰国成为世界上最大的橡胶生产国。

10 年间，马来西亚橡胶种植面积呈现负增长，橡胶产量年均增长率为 –2. 2% ，天然橡胶产量萎缩。虽然，马来西亚提出重振上游橡胶产业的计划，但是，由于劳动力成本高涨和易于从周边国家获取天然橡胶以及棕榈油产量的增加，马来西亚最终转向发展下游橡胶工业。

表 1-6　2008—2018 年天然橡胶主产区主要产胶国橡胶种植及产量增长率对比

（单位:%）

年份	马来西亚		泰国		印度尼西亚		越南	
	种植	产量	种植	产量	种植	产量	种植	产量
2009	-17.5	-20.1	1.5	2.4	0.3	-11.3	7.3	9.2
2010	-0.8	9.6	9.1	2.8	0.3	12.1	10.5	3.9
2011	0.6	6.1	31.6	9.7	0.3	9.3	7.1	5.0
2012	1.4	-7.4	5.3	5.9	1.4	0.7	14.5	11.1
2013	1.7	-51.2	5.3	-25.8	1.4	-28.8	4.5	-25.4
2014	0.9	48.6	2.9	54.2	1.4	47.0	2.1	45.8
2015	0.5	8.0	1.2	3.5	0.4	-0.2	0.7	6.6
2016	0.3	-6.7	-0.9	-6.5	0.5	0.4	-1.2	1.5
2017	0.3	9.8	-1.1	5.8	0.5	14.9	-0.4	5.3
2018	0.1	-18.4	-0.4	10.2	0.5	0.0	-0.3	5.1
平均增速	-1.2	-2.2	5.5	6.2	0.7	4.4	4.5	6.8

（3）天然橡胶主产区国家新兴产胶国天然橡胶的供给情况

过去 10 年，世界橡胶工业对天然橡胶的需求逐年上升、国际胶价逐年攀升等因素，为越南、菲律宾、缅甸、柬埔寨和老挝等国提供了发展机遇。这五个国家抓住有利于天然橡胶产业发展的契机，大力发展橡胶种植业，迅速发展成为新兴的橡胶生产国。近年来，这五国橡胶种植业扩张趋势明显，并成为东南亚地区橡胶产量增长的主力军。

越南是新晋天然橡胶生产大国，其于 2013 年取代马来西亚，成为世界第三大橡胶生产国。政府大力支持、集团式发展、客户导向的发展模式，是越南天然橡胶产业迅速崛起的法宝。特别是进入 21 世纪以来，越南橡胶产业得到快速发展。2000—2018 年，越南橡胶种植面积年均增长率为 6.73%，天然橡胶产量年均增长率为 9.52%，增长速度远高于东盟平均增长率。18 年间，越南橡胶产量从 23 万吨增长到 114 万吨，发展速度居世界之首。这些年来，越南不仅大力支持橡胶种植者扩大橡胶种植面积，还对越南非优势产区和邻近国家缅甸、柬埔寨进行扩种计划。可见，越南发展天然橡胶产业的巨大决心及其不可阻挡的高速发展态势。

菲律宾是东南亚的新兴产胶国之一，近些年其天然橡胶业得到高速发展。2000—2012 年间，受到经济利益驱动和政府的日益重视，菲律宾橡胶种植面积年均增长 6.47%，橡胶产量年均增长率为 7.23%，均远高于东盟平均增长率。为了使天然橡胶产业得到长远发展，菲律宾政府于 2006 年制订了“天然橡胶产业 15 年发展规划”，计划到 2016 年将橡胶种植面积扩大到 100 万公顷，其天然橡胶产量将会得到大幅提升。

缅甸橡胶种植业近年来迅速发展，已成为其主要经济作物之一。2000—2012 年间，缅甸橡胶种植面积年均增长率为 12.24%，天然橡胶产量年均增长率为 15.63%，上游橡胶种植业增长速度处于世界领先水平。近些年，缅甸政府大力扶持橡胶种植业的发展，除了在植胶用地、技术上给予支持外，还允许私营企业种植生产后直接出口，因此从事橡胶种植的人越来越多。此外，缅甸大部分地区的气候都适合种植橡胶，适宜植胶的土地资源十分丰富。可见，缅甸橡胶种植业发展潜力巨大，天然橡胶产量增长空间广阔。

柬埔寨割胶面积和橡胶产量几乎没有增长。2000—2012 年间，柬埔寨橡胶割胶面积年均增长率为 0.50%，天然橡胶产量年均增长率仅为 0.15%，远远低于越南、菲律宾、缅甸等国。但是，柬埔寨天然橡胶产业的停滞状态仅是表面现象，这是因为橡胶种植周期长，新种橡胶要过 7～9 年才可以割胶，新增橡胶树还没有到割胶期。在橡胶种植面积方面，柬埔寨橡胶种植面积增长较快且土地资源相当丰富。2009—2012 年间，柬埔寨橡胶种植增加 8.9 万公顷。其中，2012 年柬埔寨橡胶种植面积为 25.7 万公顷。此外，柬埔寨闲置着大片适合种植橡胶树的红土、灰土与沙土。据调查，目前空置的红土逾 35 万公顷，而灰土与沙土则有数十万公顷。在橡胶割胶率方面，2012 年柬埔寨割胶率仅为 24.7%，与印度尼西亚的80.3%相比，可提升的空间巨大。因此，柬埔寨橡胶种植业发展空间广阔，天然橡胶产量增长潜力巨大。

老挝橡胶树种植始于1930年，作为试验，一位泰国投资商仅在占巴塞省巴蒋县种植了面积为0.5公顷的橡胶树。1992—1996年间，老挝路南塔省开始种植橡胶树，其中坝枯村的种植面积达到342公顷。其经营形式主要以小农场主经营为主，所产胶多直接与中国商贩进行交易。之后，橡胶种植开始在周边地区兴起并逐渐发展成全国范围内的规模性产业。2000年以来，老挝的橡胶种植业迅速发展，其驱动力量主要包括国内和国际两方面因素，其中主要是到受大规模土地租赁特许权开放的影响。近10年，老挝各个区域的橡胶树种植面积均有所增加，全国的橡胶树种植面积于2010年达到23.4万公顷，2013年达到24.9万公顷。老挝的橡胶种植主要集中在北部，约12.3万公顷，中部和南部的橡胶种植面积分别为5.6万公顷和6.9万公顷。在老挝，橡胶产品的经营方式可以被概括为三种模式，其中大规模土地租赁特许占49.3%、合作经营方式占23.7%、小农场主经营方式占27%。可以推测，老挝橡胶种植的面积依然会持续增长。

1.2 中国天然橡胶产业概况

原产于南美洲亚马孙河流域的三叶橡胶树，属于热带雨林乔木树种，北纬15°以北和南纬10°以南则为“非传统植胶区”。20世纪50年代初，经过几代橡胶人艰苦努力和科学创新，中国打破了国际上长期认为的北纬15°以北是橡胶禁区的结论，成功地在北纬18°~24°的海南、云南、广东等地大面积种植橡胶，并构建了适合中国热区环境、具有自己特色的橡胶栽培技术体系，为世界天然橡胶的发展做出了重大贡献。中国大规模种植和发展橡胶产业则是在新中国成立之后。橡胶行业是国民经济和国防的重要基础产业，经过70多年的开发建设，我国天然橡胶产业取得了长足发展，形成了相对完善、具有中国特色的天然橡胶产业体系，生产和技术已达到世界先进水平。2018年，我国天然橡胶种植面积1740万亩、干胶产量83.7万吨，均位居世界第四位。截至2018年，全国累计生产天然橡胶近1940万吨，在替代进口、支持国防工业和国家经济建设等方面做出了重要贡献。

1.2.1 中国天然橡胶产业发展沿革

我国橡胶树最早于1904年引种，由德宏土司刀安仁从新加坡引种到云南的德宏州盈江县，并成功种植。1906年，爱国华侨何麟书在海南乐会县（今琼海市）建立琼安垦务公司（又称琼安胶园），开始了海南种植橡胶的历史。随后的几十年里，海南尤其是儋州逐渐发展成为我国的植胶中心。新中国成立后，我国的橡胶产业得到快速的发展。20世纪50年代党中央做出了“一定要建立自己的橡胶基地”的重大决策，将天然橡胶定位为“战略物资”，2007年进一步将其强化为“战略资源”。天然橡胶作为特殊的、可再生的战略资源，随着社会的发展，受关注程度逐渐提高，橡胶生产国数量逐步增多，1980年全世界有43个国家从事天然橡胶生产，到2010年发展到63个。我国作为“非植胶区”国家，70多年来橡胶产业的发展取得了令人瞩目的成就，全国天然橡胶种植面积和全年干胶产量取得了飞跃式的发展。1949年，我国植胶面积仅为0.3万公顷，年产干胶约199吨，经过50余年的发展，1998年植胶面积达62.24万公顷，年产干胶达46.2万吨，植胶面积和干胶产量分别居世界第四位和第五位，橡胶产业成为我国不可替代的民族产业。21世纪以来，我国橡胶产业稳步发展，新增种植面积年均约4万公顷，2009年全国总植胶面积达97.07万公顷，年产干胶为64.3万吨，产量居世界第六位。2010年，全球天然橡胶产业全面振兴，胶价全线暴涨，到2011年1月突破4万元。受高额胶价的推动，2011年我国新增橡胶种植面积高达6.8万公顷，总植胶面积达107万公顷，干胶产量达75万吨。2012年我国总植胶面积为113万公顷，较2001年增长了80.11%，干胶产量首次突破80万吨，分别位居世界的第三位和第六位。2011年3月后，受欧债危机及美元持续走强的影响，国际天然橡胶市场价格以年均20%左右的速度持续下跌，到2015年12月，标准胶价格从最高4.2万元/吨的纪录跌至1万元/吨左右，价格下跌持续的时间和幅度创历史纪录。其间，天然橡胶产业受到明显的不利影响，2013年和2014年，我国橡胶树新增种植面积和新增干胶产量明显减缓，总植胶面积分别为 114.4 万公顷和 115.1 万公顷，干胶产量分别为 86.5 万吨和 87.7 万吨。2015 年，我国总植胶面积 116 万公顷、干胶产量 80 万吨，分别位居世界第三位和第四位，但干胶产量首次出现了大幅度下滑。据初步统计，2016 年我国天然橡胶种植面积为 115.8 万公顷，干胶产量为 77.4 万吨，跌破了 80 万吨大关。2014—2016 年，我国天然橡胶种植面积基本持平，但干胶产量明显下降，这与当时胶价低迷，大量胶园被弃管、弃割有关。

1.2.2 中国天然橡胶种植品种现状

我国三叶橡胶种植主要集中在云南和海南。云南天然橡胶种植主要分布在西双版纳、普洱、临沧、红河、德宏、文山和保山等地。在云南农垦的示范带动下，云南省民营橡胶发展迅速，云南省成长为全国第一大天然橡胶产地。海南天然橡胶种植主要分布西部地区的澄迈、临高、儋州、白沙、屯昌、琼中、乐东、东方等 8 个市县，东部地区的海口、文昌、琼海、定安、万宁、陵水等 6 个市县及南部的五指山市、保亭县和三亚市。

天然橡胶品种一经选定、种植，将影响橡胶产量水平长达 25 年的经济寿命。因此，品种的选育是橡胶种植业的根本。我国植胶面积有限，提高橡胶的产量最终依赖于提高橡胶的单产。20 世纪 50 年代，由于我国发展天然橡胶缺乏优良品种的培育，种植未经选择的实生树，平均干胶单产仅为 375 千克/公顷，产量很低。因此，我国从印度尼西亚、马来西亚、斯里兰卡等国引进了 208 个品种，筛选出 RRIM600、PR107、GT1 和 PB86 四个品系作为大规模推广的品种，将 RRIC100、PB260 等作为中规模推广品种。之后，我国的橡胶种植在 20 世纪 60 年代中期基本实现良种化。到 1995 年底，我国总植胶面积的 88.3% 和总开割面积的 88% 均是国外橡胶优良品种，使得年产干胶达到 1224 千克/公顷，相较 20 世纪 50 年代提高了约 3.5 倍，取得了显著的经济效益。我国植胶区域地处热带北缘，温度普遍偏低，并且多风，选择和培育适合我国植胶环境的高产品种是育种专家一直努力的目标。20 世纪 60 年代，我国开始自主培育良种，至 1995 年已经评选出我国自育的推广级品种 29 个，其中 RY7－33－97、大丰 95、海垦 2 和云研 277－5 为大规模推广级品种，它们的综合指标达到了世界先进水平。“九五”攻关中，又筛选出优良的特异育种材料7份，包括矮生材料RY87－4－26，抗寒材料476－56、543－10和611－1，高产抗寒材料云研77－4，以及抗风高产材料热研7－20－59和热研78－3－5，丰富了我国植胶区的品种资源。我国还选育出早熟特高产品种热研8－79，抗寒新品种93－114。93－114具有抗平流、抗辐射、抗低温能力，适宜在中寒、重寒植胶区大规模推广。以橡胶和木材产量为双重目标的胶木兼优品种是世界橡胶树选育种提出的一个新方向。我国自主选育的首个速生、高产胶木兼优品种热垦525于2010年审定为推广级品种。热垦628、热垦525和热垦523等无性系也是我国第一批自主选育的具有较好环境适应性的胶木兼优的新品种。

除传统育种技术外，我国积极探索选育种的新技术，是世界上首个诱导出橡胶树花粉单倍体植株和花药体胚植株并成功移栽的国家。微繁技术可批量提供自根幼态无性系新型种植材料，减少因砧木的不同导致的株间生长量和产量的差异。组培苗生长快，抗风能力强，产量较芽接苗明显提高。组培苗将给橡胶生产种植材料带来全新的变革。

另外，我国的分子辅助育种也取得了良好的进展。产量早期预测对缩短育种周期、提高选种效果、节省土地以及劳动力都具有重要意义，我国科研人员在这方面做了大量的工作。田维敏等建立了早期预测橡胶树次生乳管分化能力的方法，研究成果于2012年获得海南省科技进步奖一等奖，并处于国际领先水平。为丰富选种原材料，我国已经建立了自己的国家橡胶树种质资源圃，收集保存了包括魏克汉种质、1981IRRDB种质、非魏克汉种质以及橡胶树属其他种和变种共6165份，为更好地利用天然橡胶的种质资源提供了平台。

由于人类对橡胶的需求量不断上涨，石化资源又日渐枯竭，最近20年第二天然橡胶的研究种植蓬勃发展，典型的有蒲公英橡胶、银胶菊橡胶、杜仲橡胶等。1983—1987年，我国在云南、四川、河南、江苏、陕西、甘肃、新疆等省（区）的五个气候带进行银胶菊试验种植，总计1.15公顷，筛选出5个高产银胶菊株系，产胶量为218千克/公顷。1950年，我国在新疆昭苏县采集到蒲公英橡胶草，其含胶量平均为干重的22.39%，目前在我国的东北、华北、西北等地区均有过栽培史。蒲公英橡胶草的产胶量与种子的类型及栽培地区的环境有很大关系，据研究推测每亩可产2.27～4.54千克蒲公英橡胶，最高不超过15千克。杜仲是一种很古老的植物，在我国已有2000年的药用历史，1949年新中国成立后，我国向北至东北辽宁和吉林大规模引种杜仲并获得成功，向西引种至新疆阿克苏地区，种植范围扩大至除黑龙江、西藏、广东及海南之外的全国27个省份和自治区，种植面积远远超过三叶橡胶树。目前，我国年产杜仲皮6000～8000吨，杜仲叶含胶量为2%～4%、皮含胶量为8%～10%、果实含胶量为10%～12%。目前，我国通过对第二天然橡胶的栽培、种植、生物合成机理研究，提高了含胶量和产胶量，提高了单位土地使用效率，并将其作为三叶橡胶之外的重要的天然橡胶资源。

1.2.3 中国天然橡胶加工现状

新中国成立前，我国橡胶加工基本上是小胶园作坊式的土法加工。新中国成立后，随着我国天然橡胶产量的增加，作坊式加工已无法完成制胶任务，也不能保证胶片质量。1955年，海南联昌试验站和西联农场分别建立了我国第一座烟片加工试验厂和膏化法浓缩胶乳厂。为适应生产发展和市场的需要，我国也在不断地研制开发新胶种，其中包括20世纪70年代中期以前的主要产品片状胶（烟胶片）以及皱胶片和浓缩胶乳。针对烟片胶制胶工艺机械化程度低、生产周期长、劳动强度大，需要大量木柴熏烟干燥等弊端，我国在1976年后研制和生产了标准橡胶（SCR），标志着我国天然橡胶的加工水平迈上了新的台阶。

但是，经过几十年的发展，我国天然橡胶生产加工仍然停留在20世纪八九十年代的水平，主要工艺设备没有获得重大突破，进展缓慢。随着农垦系统天然橡胶产业资产重组改革，其天然橡胶初加工规模逐渐增大，同时民营天然橡胶加工企业数量极速增长至200家左右，但是产量总数不足20万吨。全国天然橡胶小加工厂遍地开花，数量众多、布局分散、管理落后、工艺落后、技术落后；天然橡胶产品批次量小、一致性差、环境污染严重；生产绝大部分仍然采用传统生产工艺模式，劳动生产率低、自动化水平低，现代化管理和营销能力弱，以及能耗、物耗较高，产品附加值低，加工企业“小、散、弱”等问题突出。“十三五”期间，我国通过鼓励资源整合和企业并购，逐步关闭小加工厂，逐步将单座制胶厂年生产规模提升到3万~5万吨以上，提高了生产自动化水平和产品技术含量，并建设智能化橡胶生产加工车间。可见，我国天然橡胶加工产业是垄断与过度分散竞争并存的格局。

1.2.4　中国天然橡胶产业“走出去”战略

近年来，国内外天然橡胶产业发展环境发生明显的变化，我国天然橡胶产业陷入困境，这对国家天然橡胶战略资源的中长期发展极为不利。为维护我国战略资源安全，提高我国整个天然橡胶产业的国际地位以及达到企业发展、做大做强的战略要求，我国实施了天然橡胶“走出去”战略，即通过直接投资的方式在境外开展天然橡胶种植、加工、仓储、物流和贸易等，参与国际竞争与合作。该战略提升了我国企业的产业层次和国际竞争力，保证了国家天然橡胶资源的稳定供应，弥补了我国天然橡胶需求缺口，是实现我国经济可持续发展的重要举措。对于农垦企业而言，则具有顺应经营国际化、解决资源和成本双重压力的现实意义。2005年以来，广东、海南和云南三省农垦企业以及中化国际积极部署海外产业，初步构建起以天然橡胶为主导的农垦境外产业经济体系，“走出去”战略取得了较好的成效。

2005年，广东农垦率先在泰国沙墩府建成第一家海外天然橡胶加工厂，在越南建成年产2万吨的加工厂，其在泰国的独资企业泰国广垦橡胶（沙墩）有限公司拥有STR5L、STR20和各类型复合胶3条生产线，可年产干胶9.6万吨。另外，中泰合资企业广垦橡胶（董里）有限公司可年产乳胶8.7万吨、胶清胶7000吨。2006年，广垦橡胶集团在捞越州设立广垦橡胶（砂捞越）并租赁0.67万公顷橡胶园进行集中管理，与2009年建成的年产20号标胶4万吨、复合胶3万吨的橡胶加工厂项目配套。目前，广东农垦通过参股合作或并购等方式在海外拥有或控制的农业公司有10家，规划种植面积为200万亩；橡胶加工企业24家，加上国内的13家，年加工能力达到150万吨。

海南橡胶以东南亚国家为“走出去”的主要发展目标，从2005年起，已在柬埔寨投资种植天然橡胶6.67万公顷、在马来西亚种植天然橡胶6万公顷，并在泰国、印度尼西亚、越南等国投资办厂，进行橡胶加工。2011年，海南橡胶受让泰国第三大天然橡胶生产商泰华树胶25%的股权，进军全球最大的天然橡胶生产基地——东南亚。这不仅仅是简单的对外经济合作，也是海南橡胶实施“走出去”战略的关键一步。2012年，控股股东并购了全球最大的橡胶贸易公司R1 International Pte Ltd.。2017年，海南橡胶并购了印度尼西亚最大的橡胶加工企业PT. Kirana Megata（以下简称KM公司），还有KM公司在新加坡的销售商（Archipelago Rubber）。R1是橡胶贸易领域的龙头，KM公司则是橡胶加工的龙头，两者都是行业内非常优秀的企业，这一系列并购奠定了海南橡胶在国际橡胶市场的核心地位。

云南农垦“走出去”则主要在老挝、缅甸等国开展境外橡胶取代罂粟种植，获得了良好的经济效益和社会效益，得到了当地政府的重视和大力支持，形成共创共赢的局面。2016年，云南农垦集团对旗下两家二级公司进行资产合并，将重组后的云南农垦云橡投资有限公司作为云南农垦海外投资平台，征战海外天然橡胶市场。云南农垦与老挝国家农林部合作建设老挝国家橡胶产业研究院，共同制定老挝天然橡胶产业技术标准。这是云南农垦集团海外战略落地实施的关键性一步。2017年3月，云南农垦集团收购云南云锰集团所属老挝普卡制胶厂。该胶厂年预计生产橡胶3万吨，现已建成投入使用年产水线1万吨生产线，干线2万吨，主要生产标准为SCR5、SCR10、SCR20橡胶产品。2017年，云南农垦集团成立云南天然橡胶产业集团，加快实施海外战略。

中化国际股份有限公司积极拓展境外天然橡胶产业，于2003年在新加坡成立中化国际（新加坡）有限公司，2007年收购马来西亚欧马橡胶工业公司，2008年大手笔收购新加坡上市公司GMG，2010年通过其控股子公司新加坡GMG收购泰国德美行公司，2012年又通过新加坡上市公司GMG收购比利时SIAT公司35%的股权，2016年以20.9亿元的估值收购了新加坡合盛集团（Halcyon Agri Corporation Limited）54.99%的股份，成为该公司第一大股东。通过一连串的国际并购，中化国际天然橡胶业务的国际化布局已具雏形。

目前，我国境外天然橡胶产业已经分布到亚洲、非洲等10多个国家，有效提高了我国对天然橡胶资源的控制力。我国以“一带一路”倡议为契机，大力推进“走出去”战略，但当前“走出去”发展仍较缓慢。我国应当加大相关的政策性实施和金融扶持力度，提高企业在境外发展天然橡胶的积极性；加强科学的规划和管理，合理布局，规避国际贸易风险；大力培养橡胶种植与贸易人才，加强与各国政府部门的沟通，为“走出去”各企业创造更好的经营环境，确保他们在国外的资产安全。

1.3　天然橡胶产品

1.3.1　天然橡胶产品分类与市场结构

根据天然橡胶分子的结构，可将天然橡胶分为顺式结构和反式结构。顺式-1，4结构的代表为三叶橡胶、银胶菊橡胶、蒲公英橡胶，而古塔波橡胶、巴拉塔橡胶、马来胶、杜仲橡胶则均为1，4-反式结构。

从三叶橡胶树割取的天然胶乳，因收集的条件和方法不同，可分为新鲜胶乳、胶杯凝胶、自凝胶块、胶线、皮屑胶、泥胶等。根据不同的加工方法及市场上主要流通的产品来划分，大体可以分为烟片胶、标准橡胶（即标准颗粒胶或TSR）和浓缩胶乳。从天然橡胶主要生产产量及其在国际天然胶市场上的流通情况来看，烟片胶和标准橡胶是两大主要的工艺生产体系。烟片胶（RSS）是经凝固、压片、晾片、烟熏等工艺而制得。烟片胶中的RSS1质量最高，流通量最大的则是RSS3烟片胶。标准橡胶则是经凝固、压绉、造粒、干燥等工艺而制得。

天然橡胶按国际上统一的理化性能指标来分级，依据ISO2000：2014的国际标准（ISO 2000：2014 Rubber，raw natural—Guidelines for the specification of technically specified rubber），天然生胶技术分级橡胶（TSR）可分为低恒黏胶（LoV）、恒黏胶（CV）、浅色橡胶（L）、全乳胶（WF）、5号胶、10号胶、20号胶、10号恒黏胶及20号恒黏胶；按原料组成可分为混合的鲜胶乳、胶园凝胶、胶片。技术分级橡胶的分级主要是依据生胶的物理和化学性能的特定值以不同级别来确定，可参看表1-7技术分类橡胶的级别与原料种类的关系。

表 1-7　技术分类橡胶的级别与原料种类

原料	特征	级别
新鲜胶乳	黏度有规定	CV 或 LoV
	浅色橡胶、有规定的颜色指数	L
	黏度或颜色没有规定	WF
胶片或凝固的混合鲜胶乳	黏度或颜色没有规定	5/5S
胶园凝胶和/或胶片	黏度没有规定	10 或 20
	黏度有规定	10CV 或 20CV

天然橡胶按产胶国家来划分，可分为马来西亚标准橡胶 SMR、泰国标准橡胶 TTR、印度尼西亚标准橡胶 SIR、越南标准胶 SVR、印度标准橡胶 ISNR 和中国标准橡胶 SCR 等。

天然橡胶按我国海关进出口税来划分，则可以分为烟片胶（烟胶片）、技术分类天然橡胶、天然胶乳、其他初级形状的天然橡胶。然而，从最终天然橡胶工业产品使用的生产原料及成分看，海关进出口税则规定“与炭黑等混合的未硫化复合橡胶”等税号的复合胶、“天然橡胶与合成橡胶的混合物”的混合胶依然为天然橡胶的范畴。2015 年以前的复合胶的成分构成是天然橡胶 95% ~97%、丁苯胶 2.5%、硬脂酸 0.5%，混合胶的成分构成有天然橡胶 97.5%、丁苯胶 2.5%。对比合成橡胶，因中国进口天然橡胶的关税因素而衍生的复合胶和混合胶对天然橡胶具有替代性，所以我们的研究不能回避这些换了名称并存在的天然橡胶产品。①

按我国期货交易市场上海期货交易所天然橡胶合约的交割品划分，天然橡胶可分为国产一级标准胶 SCRWF（全乳胶）和进口烟片胶 RSS3 以及 2019 年 8 月

---

① 部分天然橡胶行业外的专家学者在论述天然橡胶的进口量或消费量时会直接引用我国海关总署公布的“天然橡胶”项下的进口数据，忽略复合胶或混合胶的实质以及进口数据，造成进口数量和消费量数据的严重失实和错误论断，例如“近年来，天然橡胶进口数量逐年减少”等。本书的进口数据多参考 ANRPC 的统计数据和中国海关公布的天然橡胶进口数据及混合胶或复合胶数据汇总来相互印证。

挂牌上市的20号胶（TSR20）。受期货市场导向，目前我国的天然橡胶主要以期货交割产品国产一级标准胶SCRWF为主。

据不完全统计，近年我国全乳胶SCRWF总产量约为35万吨，SCR5及SCR10约有15万吨，TSR9710及20号轮胎胶有15万～20万吨，浓缩胶乳约8万吨。我国国产的浓缩胶乳、子午线轮胎胶及烟胶片、航空轮胎标准胶和恒黏胶，在总体的产品构成中数量较少。随着20号胶的上市，我国国产天然橡胶产品格局逐渐发生变化。

2018年，我国天然橡胶干胶总产量83.7万吨，橡胶产区主要集中在云南和海南，其中云南省天然橡胶产量约为44.75万吨，同比增速在2.2%；海南天然橡胶产量为33.91万吨，产量居全国第二。我国橡胶年消费约620万吨，自产部分仅占13.4%，远低于国际安全标准30%，每年约进口80%以上的天然橡胶。我国橡胶进口结构自2011年"大熊市"之后，也发生了明显变化，天然橡胶和合成橡胶进口占比逐渐下降，复合胶进口占比快速下降，混合胶进口占比急剧暴发。

如图1－5所示，2019年上半年中国天然橡胶、合成橡胶、复合胶和混合胶进口量占比分别为34.25%、22.28%、1.42%和42.05%。

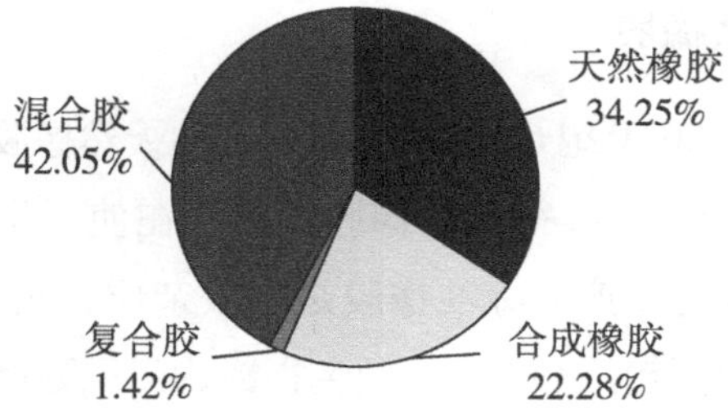

图1－5　2019年上半年我国橡胶进口结构（数据来源于中国海关总署）

据中国海关总署统计，中国天然橡胶进口数量由1995年的32万吨左右逐渐增加到2018年的260万吨左右，年平均增长速度大约为11.74%，其中1997年、1999年、2002年、2016年和2018年出现不同程度的下滑。1995—2011年，在中国天然橡胶进口结构中，标准胶进口量占比越来越大，由不到10%攀升至超过75%；烟片胶进口量占比越来越小，由超过45%逐渐下降至10%左右；天然乳胶进口量占比总体维持在10%～16%之间。2011年，天然橡胶市场进入“大熊市”之后，中国标准胶进口量占比逐渐下滑至60%左右，中国烟片胶进口量占比在10%左右，中国天然乳胶进口量占比由2011年的13%攀升至2018年的23%。

2019年上半年，中国标准胶、烟片胶、浓缩胶乳进口量占比分别为62.98%、6.89%、24.77%，其他占比5.36%。

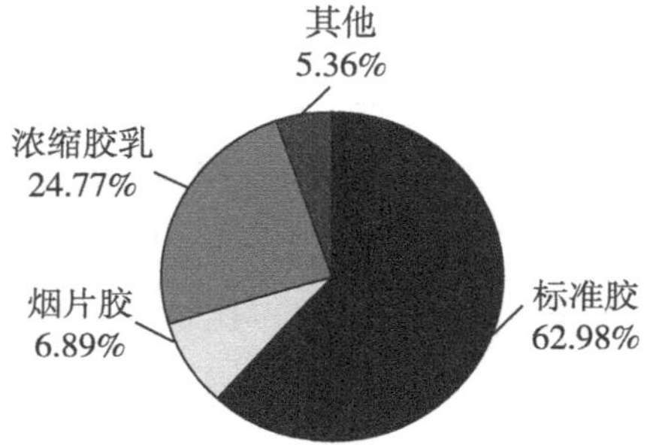

图1－6　2019年我国上半年进口天然橡胶产品情况（数据来源于中国海关总署）

1.3.2　标准天然橡胶

标准天然橡胶，是20世纪60年代发展起来的天然橡胶品种。

马来西亚于1965年开始实行标准橡胶计划，在使用生胶理化性能分级的基础上发展标准天然橡胶的生产。标准橡胶是指按杂质、灰分、氮含量、挥发分、塑性初值（Po）、塑性保持率（PRI）、颜色指数、门尼黏度、凝胶含量等性能指标进行分级的橡胶。标准橡胶一般用聚乙烯薄膜包装，并有鲜明的颜色标识，胶块的重量较小，易于搬动。马来西亚胶块包装重为33.3千克，我国规定为33.3千克和35千克。标准胶的分级较为科学，所以这种分级方法很快为各主要天然橡胶生产国以及国际标准化机构所接受，并先后制定了标准胶的分级标准。这些标准大体相同，但又不完全一致。全世界主要生产标胶的国家分别是泰国、马来西亚、印度尼西亚、中国、越南，其产品名称简写分别是STR、SMR、SIR、

SCR、SVR。2018 年，我国标准胶进口结构主要为：泰国标胶 86 万吨，占比 53.4%；马来西亚标胶 30.6 万吨，占比 19%；印度尼西亚标胶 26 万吨，占比 16%；越南标胶 12.55 万吨，占比 7.80%。

我国的标准天然橡胶既与国际标准同步，同时也因产量及历史形成的产品结构与其他标胶主产国有差异。我国在 1976 年后研制和生产了标准橡胶（SCR），标志着我国的天然橡胶加工水平迈上了新的台阶。经过几十年的发展，我国天然橡胶生产加工依然沿用这些标准，主要工艺设备没有获得重大突破，进步缓慢。目前，国内的天然橡胶初加工产品依据《天然生胶技术分级橡胶（TSR）规格导则》（GB/T 8081－2018）质量标准，主要产品是低恒黏胶（SCRLoV）、恒黏胶（SCRCV）、浅色橡胶（SCRL）、全乳胶（SCRWF）、5 号胶（SCR5）、10 号胶（SCR10）、20 号胶（SCR20）、10 号恒黏胶（SCR10CV）或 20 号恒黏胶（SCR 20CV）。

在国际标准橡胶市场上，20 号标准胶是产量最大、使用量最大的标准橡胶品种。从全球来看，2018 年天然橡胶产量约有 1400 万吨，其中 63% 的天然橡胶都是 20 号标胶，约有 874 万吨，印度尼西亚和泰国占比分别达到 39.2% 和 33.7%，产量分别在 303 万吨和 262 万吨左右。除此之外，马来西亚 20 号胶也属于市场流通较多的胶种，其产量占比仅次于印度尼西亚和泰国，达到 7%，产量在 54 万吨左右。2018 年，我国国产 20 号标胶约为 12 万吨。

从国产 20 号胶分布情况来看，中化国际、云胶集团和海南橡胶各有 3 万吨，云南民营胶厂有 4 万～6 万吨。在广垦收购泰华、中化国际收购合盛后，这两家企业的 20 号胶生产量提高较快。2018 年，我国标胶进口量达 160 万吨左右，同期混合胶进口 295 万吨，合计 455 万吨左右，约占 ANRPC 统计的中国天然橡胶进口总量的 84%。从进口来源上来看，泰国是我国 20 号标胶进口的主要来源国，其次为印度尼西亚和马来西亚，质量方面市场普遍认为泰国的天然橡胶优于印度尼西亚的天然橡胶。

1.3.3　烟片胶

烟片胶是指在新鲜的天然乳胶中加入甲酸加速其凝固之后通过滚压去水及挂

片烟熏的方式得到的天然橡胶。这种橡胶的表面在压制之后留下菱形的花纹，且呈现出棕色。烟片胶一般按照其外形进行分级，可分为一至五级。分级是根据烟片的颜色、透明度、杂质含量与有无霉点这些参考标准来进行的。烟胶片依据我国《天然生胶烟胶片、白绉胶片和浅色绉胶片》（GB/T 8089－2007）质量标准，根据杂质含量、塑性初值、塑性保持率、氮含量、挥发分含量、灰分含量、拉伸强度这七个理化性能规格进行分级（见表1－8）。

表1－8　烟胶片、白绉胶片和浅色绉胶片理化性能规格

性能		一至三级烟胶片	四级烟胶片	五级烟胶片	检验方法
杂质含量/%	最大值	0.05	0.10	0.2	GB/T 8086
塑性初值	最小值	40	40	40	GB/T 3510
塑性保持率	最小值	60	55	50	GB/T 3517
氮含量/%	最大值	0.6	0.6	0.6	GB/T 8088
挥发分含量/%	最大值	0.8	0.8	0.8	ISO 248
灰分含量/%	最大值	0.6	0.75	1.0	GB/T 4498
拉伸强度/MPa	最小值	19.6	19.6	19.6	GB/T 528

分级后进行包装，包装时工人需要进行逐片检查，把每一片胶上有缺陷的部分剪除，然后按照级别定量堆叠于包装箱中，加压包装，最后得到一个整胶包，每个胶包连包皮胶净质量为111.11千克，或成聚乙烯膜包裹的33.33千克的块状胶包。一般而言，这种天然橡胶由于原料使用胶乳以及在熏制过程中加入了杂酚油和烟灰，使橡胶有防老化和防腐作用，性能有别于标准橡胶。

目前，我国几乎没有或很少有烟片胶的生产。烟片胶的生产工艺较为简陋，产量和质量的稳定性不及标准橡胶的大规模生产和规范稳定的质量，因此逐步从我国橡胶产品结构中退出。我国的烟片胶需求几乎100%依赖于进口。近几年，由于轮胎材料技术的提升，我国烟片胶的需求量逐渐下降。历史上，中国进口天然橡胶烟胶片的数量由1995年的14.6万吨左右逐渐增加到2003年的43.9万吨，随后进口量逐渐萎缩，总体上维持在20万～33万吨之间，年平均增长速度大约为 9.49%。其中，2000—2003 年是进口高峰期，2017 年进口量快速回升。中国海关总署统计数据显示，2019 年 1～6 月，中国烟片胶累计进口量大约为 7.33 万吨，累计同比增长 -45.31%。

虽然烟片胶因其加工方法落后，且质量稳定性及均匀性相对较差，在我国逐渐被淘汰，但其优良的物理机械性能也是值得肯定的。2010 年以来，泰国是中国最大的烟片胶进口来源国，进口量占比由 85% 左右逐渐下降至 60% 左右。此外，来源于缅甸的烟片胶进口量占比由 5% 左右快速攀升至 25% 左右；来源于越南的烟片胶进口量占比由 2% 左右上升至 8% 左右；来源于印度尼西亚的烟片胶进口量占比维持在 3% 左右；来源于老挝的烟片胶进口量占比维持在 1%～5% 之间；近两年来源于柬埔寨和马来西亚的烟片胶进口量占比低于 0.5%。2018 年，中国进口烟片胶结构为：泰国 61.47%、缅甸 25.72%、越南 7.26%、印度尼西亚 3.56%、老挝 1.38%。

1.3.4 浓缩胶乳

浓缩胶乳是一种高浓度的天然橡胶乳胶。由橡胶树取得的新鲜胶乳或由乳液聚合制得的胶乳，其浓度一般在 40% 以下，经浓缩后，浓度一般在 60% 以上。浓缩胶乳主要采用膏化法、离心法、蒸发法等加工工艺加以浓缩。

我国国产浓缩胶乳，受市场导向及生产保存工艺等因素影响，产量相对较小。2018 年，我国国产浓缩胶乳约 8 万吨。我国浓缩胶乳进口数量由 1995 年的 4.7 万吨左右逐渐增加到 2018 年的 59 万吨左右，年平均增长速度大约为 13.2%，其中 1997 年、1998 年、1999 年、2002 年、2005 年、2007 年和 2010 年出现不同程度的下滑，而 2016 年以来同比增长速度逐步回升。中国海关总署统计数据显示，2019 年 1～6 月，中国天然乳胶累计进口量大约为 26.4 万吨，累计同比增长 -6.53%。2010—2018 年，泰国是我国最大的浓缩胶乳进口来源国，进口量在 22 万～51 万吨，进口量占比维持在 85%～94% 之间。此外，来源于越南的天然乳胶进口量在 0.4 万～5 万吨，占比由 2% 左右上升至 8% 左右；来源于马来西亚的天然乳胶进口量在 1.1 万～1.3 万吨，占比由 5% 左右下降至 2% 左右。2018 年，来源于泰国、越南、马来西亚的天然乳胶进口量占中国天然乳胶的进口总量分别为86.66%、8.1%、1.94%。

1.3.5 复（混）合胶

复合胶、混合胶，本质上是在天然标胶的基础上加入合成胶与添加剂，与天然标胶在性能上几乎可以等同于一种胶，但因为关税制度——享受零关税——而有别于一般贸易需缴纳1500元/吨关税的标胶。混合胶的分类不属于技术分类，但凭借其零关税的成本优势对国产胶形成巨大冲击，对国内天然橡胶消费结构产生巨大影响，使得很多下游生产厂家为了降低成本而采购复合胶或混合胶。混合胶就是在复合胶进口量萎缩的时候迅速崛起的，随后中国混合胶进口量出现井喷式增长。中国天然橡胶进口量与中国橡胶总进口量的比重由2007年的50%左右逐渐下降至2018年的35%左右；中国合成橡胶进口量占比由2007年的39%左右逐渐下降至2018年的20%左右；中国复合胶进口量占比由2007年的15%左右攀升至2014年的28%，2014年后，我国《复合橡胶通用技术规范》（GB/T 31357－2014）实施，然后复合胶进口量一路下降至2018年的1.4%左右；2014年以前中国混合胶进口量占比极低，2015年以来进口量占比快速爆发，尤其是2018年的进口量占比超过了40%。

据中国海关总署统计，2015—2018年中国混合胶进口量分别为53.58万吨、181.98万吨、275.19万吨和295.01万吨，同比增长分别为729.66%、239.63%、51.22%和7.20%，而2009年前年进口量远低于1万吨，2009—2014年年进口不足8万吨。2019年1～6月份，受中国海关执行中橡协《混合橡胶通用技术规范》自律标准严格管控后，混合胶累计进口量约为131.39万吨，累计同比增长－4.63%。

1.4 天然橡胶产品性能与市场分析

1.4.1 不同等级的国产天然橡胶产品性能分析

作为一种重要的战略性物资和工业原料，天然橡胶的品质及性能要求一直备受关注。由于地域、气候、土壤、橡胶树品系和加工方法等的不同，国产天然橡胶的性能存在明显的差异。然而，对于下游轮胎等橡胶制品企业而言，标准天然橡胶产品的综合性能是其考虑的前提要素。

根据《天然生胶技术分级橡胶（TSR）规格导则》（GB/T 8081－2018），本书对不同级别的国产天然橡胶——全乳胶 SCRWF、5 号胶 SCR5、10 号胶 SCR10、20 号胶 SCR20（TRS20）在加工性能、结构力学性能、动态力学性能、热稳定性及耐屈挠龟裂等方面的产品性能进行分析，得到不同等级的国产天然橡胶产品性能对比表（见表 1－9）。

表 1－9　不同等级的国产天然橡胶产品性能对比

性能项目	全乳胶、5 号胶、10 号胶、20 号胶	备注
生胶杂质、灰分	TRS20 > SCR10 > SCR5 > SCRWF	
生胶的门尼黏度	SCR5 > SCR10 > TRS20 > SCRWF	注①
生胶的总交联密度	SCR5 > SCRWF > SCR10 > TRS20	
加工性能	TRS20 ≈ SCR10 > SCRWF > SCR5	
硫化特性（T_{90}）	SCRWF > SCR5 ≈ SCR10 ≈ TRS20	SCRWF 正硫化时间最长（酸残留）
拉伸强度	SCR5 > SCR10 > TRS20 > SCRWF	
扯断伸长率	SCRWF > SCR5 > SCR10 > TRS20	
硫化胶的热稳定性	TRS20 > SCRWF > SCR10 > SCR5	
抗热氧返原的能力	SCRWF > TRS20 > SCR10 > SCR5	
抗屈挠龟裂能力	SCRWF > TRS20 > SCR10 > SCR5	

不同级别的国产天然橡胶综合性能的分析结果是：10 号胶 SCR10 与 20 号胶 TRS20 更适合应用于绿色轮胎的胎面胶领域；全乳胶 SCRWF 因其较宽的相对分子质量分布，更适合应用在高断裂伸长率及抗动态疲劳领域；5 号胶 SCR5 虽然

① SCR5 平均相对分子质量最大，SCRWF 由于缺少原料端贮存硬化的影响，因此相对平均分子质量偏低，TRS20 的生产原料虽然具备一定的贮存硬化效应，但加工端较之 SCRWF 多出了一段机械共混挤出，从而造成对天然橡胶分子链的破坏，致使门尼黏度值减小。

在力学性能方面表现优异，但加工及热稳定性方面略显不足。

1.4.2 国产天然橡胶与进口天然橡胶产品性能分析

我国是天然橡胶消费大国，国产天然橡胶的供给率远不能满足市场的需求，需大量进口。因此，国产标准胶与进口标准胶性能特点的对比研究很有必要，既可以为国防建设用胶单位提供原料筛选的依据，又可以通过性能对比为天然橡胶加工企业提供数据参考，以便更好地提升国产标准胶的品质。

本书选取了综合性能较好的国产标准天然橡胶 10 号标胶 SCR10 及 20 号标胶 TSR20，通过与泰国 20 号胶 STR20、马来西亚 20 号胶 SMR20 及泰国 3 号烟片胶 RSS3 的性能进行对比分析，得出如下结论：

（1）国产和进口的 4 种天然标准橡胶的加工性能、交联密度、伸长率、热稳定性、滚动阻力等明显优于进口泰国 3 号烟片胶 RSS3，但 4 种标准胶的物理机械强度、抗热氧返原性及耐屈挠性能比不上泰国 3 号烟片胶 RSS3。

（2）进口天然标准胶 SMR20、STR20 的加工性能、硫化胶的硬度和滚动阻力优于国产标准天然橡胶 SCR10 和 TSR20，更适合应用在绿色轮胎的胎面胶部位，表现为物理机械性能更好。

（3）在拉伸力学性能、动态力学性能、耐屈挠龟裂性能、抗硫化返原性能等方面，国产标准胶 SCR10、TSR20 与进口标准胶 TSR20、SMR20 相近。

（4）泰国 3 号烟片胶 RSS3 焦烧时间要比国产标准胶 SCR10、TSR20 小。

（5）在正硫化速度方面，国产标准胶 SCR10、TSR20 比泰国 3 号烟片胶 RSS3 快。

（6）在门尼黏度方面，国产标胶 SCR10、TSR20 比泰国 3 号烟片胶 RSS3 小。

（7）国产标胶 SCR10、TSR20 的物理机械性能、工艺性能、质量稳定性与价位均比进口泰国 3 号烟片胶 RSS3 有明显优势。

（8）国产标准胶 SCR10、TSR20 大多数同批次产品质量差异很大，特别是门尼黏度与生胶强度两项指标质量波动最大。

（9）泰国 3 号烟片胶 RSS3 为 111.11 千克/包，仓储、搬运、切胶、破胶比国产标胶 SCR10、TSR20（35 千克/包）难度大，动力消耗大。

（10）进口胶在切胶后常在中间发现有大量夹生胶甚至杂质异物，质量不稳定，并且在出现质量问题时索赔难度大。

综上所述，我国国产天然橡胶与同级别对等的进口胶相比，性能指标一致性低于进口天然橡胶，而且质量不稳定。一致性较差时，制品厂需要针对原料采取不同的生产工艺及配方，既耗费时间，降低生产效率，又影响正常生产及制品质量，导致国产天然橡胶被制品行业所诟病。目前，我国高端制品领域用胶如高性能轮胎、飞机轮胎、医疗计生专用胶乳等主要依赖进口。

1.4.3　国产天然橡胶与进口天然橡胶性价比分析

由图1－7国产SCR10与进口天然橡胶的价格对比情况可知，近5年4种主要的产品中，泰国烟片胶RSS3的价格最贵，越南SVR3L居第二位，泰国20号标胶STR20居第三位，国产标二SCR10居第四位。市场上，进口STR20大多比SCR10略贵100～400元/吨，SVR3L一般要比STR20贵600～1000元/吨，RSS3一般要比SVR3L贵600～2000元/吨，RSS3比国产全乳胶SCRWF贵1000～2500元/吨。国产SCR10对比进口RSS3，平均价差近3000元/吨，RSS3一直在橡胶产品价格的顶端。泰国是烟片胶生产大国，泰国烟片胶RSS3的产量份额几乎稳定在19%左右，2018年的产量约为92万吨。

图1－7　国产SCR10与进口天然橡胶的价格对比（资料来源：卓创资讯）

对比标胶的数量，烟片胶属于小众产品；对比性能，烟片胶的拉伸强度、耐老化性能、耐曲挠性能均优越于标准橡胶，属于高端产品，流动范围相对集中，因此烟片胶在国际期货投机商的眼中成了硬通货。国产胶性能提升研发替代进口烟片胶在经济上存在巨大空间，在节省国防预算上也有重要价值。

2

云南省天然橡胶产业发展概述

2.1 云南省天然橡胶产业发展概况

2.1.1 云南省天然橡胶产业发展沿革

云南省种植天然橡胶已有近120年的历史，是中国最早开始种植天然橡胶的地区。云南橡胶的发展历程大致可以分为四个阶段：

第一阶段是引进种植阶段。1904年，德宏土司刀安仁从新加坡购进8000余株热带树种巴西三叶橡胶树苗，在现云南省德宏州盈江县新城乡凤凰山进行种植。刀安仁先生这一行动打破了《大英百科全书》中北纬21°以北不能种植橡胶的说法，并成为中国橡胶事业的开拓者。此后，云南成为中国最早的天然橡胶引种地之一。

新中国成立后，橡胶作为一种重要的战略物资，对于国家的国防和工业建设具有至关重要的意义，但当时我国每年的干胶产量不足200吨，远远无法满足国家的需求。为了确保国防和工业建设的需要，中央人民政府政务院在第100次政务院会议上做出了《关于扩大培植橡胶树的决定》，要求以最快的速度扩大橡胶的种植规模。其中，云南省被指定为发展橡胶种植的重点地区之一，计划在云南省种植100万亩橡胶树。从此，云南农垦承担起了发展橡胶种植的使命。在此过程中，转业官兵、科技人员、归侨侨眷、城市青年、支边农民等20多个民族的数十万人共同参与了这一伟大事业的开创和建设。

第二阶段是农垦种植探索阶段。这一阶段始于云南解放初期，一直持续到20世纪80年代初。1951年，在全省性的资源普查中，有科学工作者发现1904年引进德宏州的橡胶树生长状况良好，这引起了党和政府的高度关注。20世纪60年代初期至80年代中期，云南省从湖南省等地接纳了一大批支边青年和数量相当的归国华侨充实国有农场，加强了西双版纳、普洱、文山、红河、德宏、临沧六个农垦分局机构力量和人员数量，以全民所有制的经济运行模式和分配方式进行橡胶生产加工，为云南省橡胶的快速发展打下了较好的基础。云南农垦组织有关科技人员以严谨的科学态度，开展了深入细致的研究和实验工作。1985年，云南省科学技术委员会和云南省政府联合授予了云南省农垦局牵头实施的“云南省天然橡胶良种选育及高产栽培技术研究”科技进步奖一等奖。这项研究成果成功地研发出一套适应云南自然特点、以环境—品种—措施“三对口”为核心的天然橡胶种植技术，使云南天然橡胶种植突破了世界地理植胶禁区，在北纬21°~25°高海拔山地大面积种植获得成功，并取得了大面积单产水平居世界领先水平的优异成绩，创造了世界橡胶发展史上的奇迹。

第三阶段是多轨驱动与多轮运行阶段。20世纪80年代中期至21世纪10年代中期，云南省橡胶产业获得了显著发展。这一阶段始于20世纪60年代初期，当时政策对产业发展产生了积极影响。在20世纪60年代初期至80年代初期，橡胶生产和经营完全由国有农场独家负责。1978年，党的十一届三中全会召开，农村改革和国有农场改革得到了深化，乡镇企业迅速崛起，民营橡胶企业也如雨后春笋般快速发展。这使得全省橡胶生产加工产业呈现出“多轨驱动”的运营格局，整个产业充满生机和活力。

进入21世纪，为了应对日益激烈的市场竞争及不断增长的市场需求，云南农垦集团贯彻执行政府的统一安排部署，实施了“走出去”的国际化战略。通过改革，云南农垦集团再造集团竞争力，实现在毗邻的金三角地区种植替代罂粟的天然橡胶。

第四阶段是高质量发展阶段。这个阶段从21世纪20年代初期开始，随着“走出去”国际化战略的成功，东南亚地区天然橡胶的大量种植为云南橡胶产业带来了新的产业压力。为了应对这一挑战，云南省政府积极推动橡胶产业转型升级，制定了《“十四五”天然橡胶生产能力建设规划》和《云南省天然橡胶产业三年行动实施方案（2022—2024年）》。这些规划和方案明确提出到2024年，全省天然橡胶种植面积、产量分别稳定在850万亩、46万吨以上，全产业链产值增加到250亿元。因此，云南省围绕基地提升、绿色引领、初加工提升、科技创新、延链增值五个方面，重点实施天然橡胶基地建设、天然橡胶低产低质胶园良种良法更新改造、天然橡胶林业补贴试点、生态胶园建设、天然橡胶病虫害疫情监测预警体系建设等工作。

2.1.2　云南省天然橡胶种植现状

橡胶树是最重要的产天然橡胶的植物之一，与钢铁、煤炭、石油一起被称为四大工业原料，是极为重要的战略物资，与人们的生活密切相关。橡胶树属于热带植物，在中国已有120年的栽培发展史。1904年，云南省盈江县（原称干崖）成为我国最早试种橡胶的地区之一。

新中国成立以来，云南的广大军垦战士、农场职工、支边青年、胶农、农林科技人员经过努力奋斗，创造出一套适合云南特点的、以环境—品种—措施“三对口”为核心的天然橡胶抗寒栽培综合技术。他们成功地在北纬21°～25°的世界非传统植胶禁区种植了大量的橡胶树，取得了植胶面积、产量和单产逐年稳步增长的好成绩。在农垦的示范带动下，云南省民营橡胶业发展迅速。目前，云南省已成为全国植胶面积第一、总产量第一、单产水平第一的优质天然橡胶生产基地，并在全国范围内处于领先地位。橡胶业成为云南的支柱性产业之一，为当地经济发展做出了重要贡献。

云南省的天然橡胶种植主要集中在六个州（市）和30个县（市、区）的热区，其中包括西双版纳、普洱、临沧、红河、德宏、文山。据统计，从业人员56.14万人。

在宜林地分布方面，文山垦区位于北纬22°45′～23°05′之间，海拔200～400米，主要分布在麻栗坡县盘龙江下游的天保及马关县南部地区；红河垦区位于北纬22°27′～22°58′之间，海拔100～800米，主要分布在南溪河与红河相交的河口县，以及金平县、绿春县等地；西双版纳垦区则位于北纬21°09′～23°02′之间，主要分布在海拔500～1050米的澜沧江下游宽谷盆地坝缘地区；普洱垦区分布在澜沧江中下游，包括把边江、阿墨江和南卡河等河谷地带，海拔500～900米；临沧垦区位于北纬23°09′～23°45′之间，海拔500～1000米，主要分布在南汀河下游勐定勐撒地区；德宏垦区位于北纬23°51′～24°48′之间，海拔750～1000米，主要分布在瑞丽江、大盈江和芒市河等河谷盆地；保山垦区则分布于北纬24°56′～25°04′之间，海拔700～1000米，主要分布在保山潞江坝。

按照以气象条件为主的区划指标划分，可以将云南省植胶区划分为适宜植胶区、次适宜植胶区和基本适宜植胶区。

适宜植胶区：

（1）金平、绿春、藤条江、李仙江适宜植胶区

金平、绿春、藤条江、李仙江适宜植胶区地处哀牢山西侧，包括金平县的藤条江流域和绿春县、江城县的李仙江河谷地带。气候属热带湿润季风气候。热量丰富，年均温22.6～23℃；≥10℃积温8200℃以上，天数365天，月均温≥18℃的月数有9个月。雨量充沛，年降雨量在1600～2000毫米之间，除1月外，各月降雨量均在50毫米以上。终年湿润，年平均相对湿度在83%以上，年平均风速0.8～1米/秒，基本静风。光照适中，年日照时数在1700～2000小时。越冬条件较优，最冷月均温16.0℃以上，极端低温2.0℃以上，＜10℃天数平均18天；几乎没有＜5℃的天数，罕见霜日。植被为热带湿润雨林和热带季节雨林。土壤为黄色砖红壤，肥力较高，有机质含量3%左右，全氮含量0.15%～0.20%，钾素较丰富，唯磷素不足。区内橡胶定植后6～7年即达开割标准，产量水平也较高。本区由于有哀牢山庇护，橡胶树一般能安全越冬，属轻寒害区。如李仙江河谷从1970年植胶至今，橡胶树基本未受寒害。金平县勐拉镇仅个别特大冷冬中橡胶受害较重。

（2）西双版纳南部适宜植胶区

西双版纳南部适宜植胶区包括西双版纳州的勐腊、勐捧、勐满、勐醒、勐仑、景洪、勐龙、勐罕、打洛及勐阿等地区，地貌属低中山宽谷盆地，橡胶宜林地主要分布在盆地、坝缘丘陵及低山地带。盆底海拔，景洪530米，勐罕520米，勐龙600米，勐腊616米，勐捧530米，勐满570米，勐仑540米，勐醒

540米，打洛603米，勐阿480米，均属低盆地。区内热量条件丰富，年均气温21.0～21.9℃，≥10℃积温7600～8000℃，天数365天，月均温≥18℃的月数为9个月，理论割胶期在250天以上。水湿条件适中，属半湿润、湿润气候区，降雨量除景洪、勐捧两地稍低，只有1200～1400毫米外，其他地区均在1500～1700毫米之间。月降雨量>50毫米的月份一般在7～9月之间。年平均相对湿度83%～86%。冬季多浓雾，年雾日多达132～153天。年平均风速在1米/秒以下，属静风环境。日照充足，年总辐射量在120～131千卡/平方厘米，年日照时数1800～2200小时。越冬条件尚属优良。最冷月均温在15℃以上，极端低温除勐龙（-0.5℃）、打洛（-0.1℃）、勐腊（0.5℃）以外，其他地区均在2℃以上。多年平均极端低温除打洛（3.7℃）外，其他地区均在5℃以上。

区内植被类型主要为热带季节雨林。土壤以砖红壤为主，肥力较高，有机质含量3%～5%，全氮含量0.2%左右，pH值在4.5～5.5之间。土层深厚、疏松，保水保肥性能良好，唯独缺磷和干季水分不足，亦有低温寒害，但不失为云南省优良植胶区。

（3）孟定适宜植胶区

孟定适宜植胶区包括孟定、勐简、清水河和曼卡等地区。区内地貌类型属中山宽谷盆地区。孟定海拔484米，曼卡海拔280米，勐简海拔564米。气候属热带半湿润季风气候。热量丰富，年均温21.6℃，≥10℃积温7884℃，连续天数为365天；月均温≥18℃的月数为9个月，理论割胶天数260天，橡胶旺盛生长期达8个月。雨量丰沛，雨日多，湿度大。年降雨量1520毫米，年雨日196天，年平均相对湿度80%，年雾日100天。日照充足，辐射量多，日照时数2160小时，年总辐射量127千卡/平方厘米。年平均风速仅0.6米/秒，属静风环境，但有阵性大风为害。越冬条件尚属良好，基本属轻寒区。极端最低温2.2℃，多年平均值4.6℃。区内植被为热带季节雨林。土壤为砖红壤。土壤风化强烈，土层深厚，有机质含量在3.4%～5.1%之间，全氮含量0.2%左右，pH值为4.5～5.0，综合自然肥力较高。区内橡胶生长良好，年平均增粗2.5厘米，如加强抚育管理6年可割胶，橡胶产量良好。此区域属云南省优良植胶区。

次适宜植胶区：

（1）河口、文山次适宜植胶区

河口、文山次适宜植胶区包括红河河口、卡房、曼耗和文山天保等地。地貌属低山丘陵和中山峡谷区。河口最低海拔76.4米，天保海拔107米，属云南省海拔最低的地区，但坡度大，地面破碎。区内属热带湿润季风气候。热量丰富，河口年均温22.6℃，≥10℃积温8200℃以上，月均温≥18℃的月数在9个月以上，橡胶旺盛生长期在8个月以上。雨量丰沛，湿度大。河口年降雨量1784毫米，天保年降雨量1500毫米左右，年平均相对湿度在85%以上。唯日照稍感不足，其中河口年日照时数1717小时，天保只有1243小时。特别是冬季阴云天占80%～90%，对橡胶越冬不利。

区内植被属热带湿润雨林和热带季节雨林，但目前多已被破坏，现为各种次生植被所代替。土壤为黄色砖红壤，具有风化强烈、生物循环迅速、土层深厚、肥力高等特点。有机质含量3.5%，全氮含量0.15%～0.25%，代换量12毫克当量/100克土，pH值为4.5～6.0，综合土壤肥力较高。

区内种植的橡胶生长良好，一般管理水平年茎粗增长可达2.5厘米左右，如果提早定植，加强管理可达3.0厘米，定植后6～7年可达开割标准，橡胶生长不亚于西双版纳。

（2）西双版纳中部次适宜植胶区

西双版纳中部次适宜植胶区包括勐腊县的尚勇、勐伴、回洼、勐户，景洪市的勐养、大窝塘，普洱市的小橄榄坝等地。地貌属中山宽谷底盆地，盆底海拔多在680～750米之间，一般地形较为闭寒，多属冷空气沉积区，因此橡胶寒害较重。区内气候属热带半湿润季风气候。以勐养为例，年均温21.0℃，≥10℃积温7665℃，月均温≥18℃的月份有7～8个月，橡胶旺盛生长期有7个月以上，理论割胶期250天。

水湿条件，勐养、小橄榄坝、大窝塘等地稍逊，年降雨量为1200毫米左右；尚勇、勐伴等地较好，年降雨量为1500毫米左右，年雨日一般150～170天。年平均相对湿度83%～85%。雾日较多，勐养雾日长达134天，可弥补干旱季节水分不足。年日照时数1700～1900小时，比景洪坝少。

区内橡胶生长尚属良好，如勐养芽接树茎粗年增长 2.1 厘米，只要加强抚育管理，7～8 年可达开割标准，橡胶产量也不低。

（3）瑞丽、畹町、遮放次适宜植胶区

瑞丽、畹町、遮放次适宜植胶区为龙川江下游及其支流的宽谷低盆地区，包括瑞丽（海拔 735 米）、畹町盆缘层状地貌发育，一般有三级阶地，坡度较平缓，为橡胶生产提供了良好的条件。区内气候属南亚热带半湿润季风气候，年均温 20℃左右，最冷月均温 12.5～14.2℃，≥10℃积温 7300～7600℃，月均温 >18℃的月数达 8 个月，橡胶旺盛生产期达 7 个月，理论割胶期 220～240 天。光照条件良好，年日照时数 2100～2400 小时，年总辐射量达 137.9 千卡/平方厘米，特别是冬季，光照更为充足，有利于橡胶树越冬。雨量较为充沛，雨日多，但分配不均匀，年降雨量 1400～1600 毫米，干季仅有 10%，年雨日 160～180 天。年平均相对湿度为 76%～83%。年平均风速 0.9～1.7 米/秒，基本属于静风。唯冬季受青藏冷高压控制，辐射降温强烈，低温水平较低，寒害较重。极端低温 0～1.1℃，多年平均值 2.1～2.8℃，地面最低温度达 -1.9℃，≤10℃天数平均 74～85 天，≤5℃天数平均 14～22 天，其中弄岛曾出现 <0℃的低温。因此，橡胶历年受害较重，属常发性中寒区。

基本适宜植胶区：

（1）西双版纳北部、普洱地区基本适宜植胶区

西双版纳北部、普洱地区基本适宜植胶区范围较大，分布于北纬 22°10′～24°00′，但适于植胶面积不大，且零星分散。全区包括西双版纳州景洪市的关坪、普文，勐海县的勐满、勐往；普洱市江城县的整董、水城、康平，墨江县的把边江、阿墨江河谷，景谷县的威远江河谷，镇源县的振泰，澜沧县的勐洒、上允、丫口，西盟县的勐梭、中课、力梭，孟连县南马河一带海拔 900～1000 米的中山峡谷地区。区内由于热量水平偏低，橡胶树生长也较慢，定植后一般 8～10 年才达开割标准，产量水平属中等。

（2）盈江芒市基本适宜植胶区

盈江芒市基本适宜植胶区包括芒市、盈江、陇川等宽谷盆地区。芒市盆底海拔 835 米，盈江 780 米，陇川 920 米，宜胶地主要分布在坝缘海拔 1000 米以下的

低山丘陵地区。区内属南亚热带半湿润季风气候，其特点是热量偏低，低温水平低，低温持续时间长。年均温 19～19.7℃，最冷月均温 11.3～12.6℃，≥10℃积温 6800～7157℃，月均温≥18℃的月数只有7个月。一般理论割胶期只有220天左右。热量条件基本能满足橡胶树的生长。唯冬季橡胶树寒害严重，属重寒常发区。区内水湿条件良好，年降水量1500～1600毫米，年平均相对湿度80%左右，光照充足，年辐射总量142.79千卡/平方厘米，年日照时数达2300～2500小时，为云南植胶区光照最富裕地区，特别是冬季更为充足，利于橡胶树越冬。橡胶树生长基本正常，定植后8～10年可达开割标准，产量不高。

（3）临沧中部基本适宜区

临沧中部基本适宜区包括勐撒、崇岗，双江的小黑江及勐省地区，地貌以中山峡谷为主。区内气候为南亚热带半湿润季风气候。年均温20℃左右，≥10℃积温7200℃，最冷月均温13.3～13.6℃，极端低温－1.6～1.8℃，极端低温平均值1.1～3.4℃，≤10℃日数110～120天，≤5℃日数40～50天，≤0℃日数2天左右。年降雨量除勐撒1430毫米外，其他地区均为1000～1100毫米，为云南省少雨地区之一。年平均相对湿度75%～80%。因此，区内不但热量水平低，越冬条件差，而且干旱，水分不足。区内橡胶树生长较慢，定植后一般要10年左右才能割胶，产量也较低。

云南省植胶区的自然条件与橡胶原产地及东南亚植胶区均有较大的差异，与橡胶树的速生高产条件也不尽相符，但云南省几十年橡胶栽培的生产实践证明，橡胶树引入云南省后，其适应性是良好的，生长和产胶量高于海南岛，也不比东南亚逊色。云南省橡胶产量水平历来高于全国平均水平，占据全国橡胶总产量五成以上的比例，且该比例呈增长趋势。2020年云南橡胶产量占全国橡胶总产量的57.13%，较2014年的51.57%增长了5.56%。截至2022年底，云南省的种植总面积为845.5万亩，收获面积为567.5万亩（较2021年的542.8万亩增加了24.7万亩），天然橡胶产量为53万吨（较2021年的50.7万吨增加了2.3万吨）。云南省平均亩产干胶达到了93.39千克，其中西双版纳产量更高，与马来西亚水平相当，橄榄坝农场亩产达100千克以上，超过马来西亚亩产干胶的水平。RRIM600在勐捧农场，最高产的林段亩产达226.26千克，株产10.03千克。

热量较低的盈江、芒市等地区，橡胶生长、产量也属正常，亩产高于广西、福建植胶区，与湛江植胶区相近。

2.1.3　云南省天然橡胶加工现状

云南省天然橡胶初加工企业众多，其中包括云南农垦、中化、海胶和高深等67家。这些企业拥有179座橡胶初加工厂，年加工能力达到179.99万吨，主要生产乳标胶、凝标胶和浓缩胶乳等三大系列产品，同时还开发生产轮胎专用胶等产品。这些企业在市场、品牌、技术等方面联系紧密，形成了以企业为主体、以市场为导向的橡胶初加工产业体系。

为了更好地推广、销售自己的产品，这些企业开始利用电子商务平台进行交易。从2003年开始，通过云南农垦电子商务交易中心和平安交易所橡胶交易服务中心，云南省90%以上的橡胶产品实现了电子商务销售。此外，这些企业还在上海、山东青岛、重庆、云南昆明和景洪等地建立了定点仓储物流聚集区，推进了现代物流配送与网络交易的结合，形成了天然橡胶产业产、供、销一体化生产服务格局。

这些企业的快速发展不仅带动了云南省天然橡胶产业的发展，也为全国天然橡胶产业的发展做出了重要贡献。

2.1.3.1　*初加工厂产能及布局*

截至2021年底，全省橡胶加工厂共计179个。其中，西双版纳州97个（正常生产经营82个），临沧市23个，德宏州16个，普洱市22个，红河州14个，文山州2个，玉溪市1个，昆明市4个。全省橡胶初加工生产能力179.99万吨，其中西双版纳126.64万吨，临沧市14.20万吨，德宏州8.30万吨，普洱市13.80万吨，红河州6.95万吨，文山州0.30万吨，玉溪市0.30万吨，昆明市9.50万吨（表1－10）。

表 1－10　2021 年云南省天然橡胶初加工厂分布情况

地区	数量	产能/万吨
西双版纳州	97	126.64
临沧市	23	14.20
德宏州	16	8.30
普洱市	22	13.80
红河州	14	6.95
文山州	2	0.30
玉溪市	1	0.30
昆明市	4	9.50
合计	179	179.99

整体而言，云南植胶区天然橡胶加工厂的分布（产能）与资源状况严重不匹配，尤其是在云南农垦集团、海胶集团、广垦集团、中石化、中石油等涉胶大企业集团云集的西双版纳州，由于竞争激烈，产能与资源状况不匹配的情况更为突出。西双版纳州 2021 年产干胶仅 33.38 万吨，但全州有大小橡胶加工厂 97 个，产能达 126.64 万吨；临沧市现有大小橡胶加工厂 23 个，产能 14.20 万吨，而 2021 年临沧市干胶产量仅 5.16 万吨，产能与资源也是严重不匹配；德宏州的情况更为突出，2021 年德宏州有橡胶加工厂 16 个，产能达到 830 万吨，但 2021 年德宏州干胶产量仅 0.60 万吨；普洱、红河和文山等州市的情况稍好一些，但产能还是远远大于实际产量。

2.1.3.2　*初加工产品结构*

2021 年，云南天然橡胶干胶总产量 49.10 万吨。据云南天然橡胶产业集团有限公司生产运营中心统计，2021 年的 49.10 万吨总产量中，SCRWF 约 25.53 万吨，占总产量的 52.00%；SCR5 约 3.44 万吨，占总产量的 7.00%：SCR10 和 SCR20 约 8.35 万吨，占总产量的 17.00%；TSR9710、TSR20 约 10.31 万吨，占总产量的 21.00%；其他产品（浓缩胶乳、烟胶片等）约 1.47 万吨，占总产量的 3.00%。

2.1.3.3　面临的主要困难和问题

一是天然橡胶市场价格持续走低，产业发展面临严峻考验。

2011 年 3 月以后，受欧债危机及美元持续走强的影响，以美元计价的国际大宗商品价格大幅下降，加上天然橡胶供大于求的矛盾加剧，国际天然橡胶市场价格以年均 20% 以上的速度持续下跌。2021 年 6 月，国内市场全乳胶上海、山东市场均价 12472 元 A，环比跌 6.0%，同比涨 23.0%；混合胶山东市场均价 12025 元 A，环比跌 2.9%，同比涨 22.0%。东南亚市场，泰国 RSS3 均价 2319 美元 A（折合人民币 14881 元 A），环比跌 1.3%，同比涨 65.8%；印度尼西亚 SIR20 均价 1638 美元 A（折合人民币 10511 元 A），环比跌 3.0%，同比涨 36.3%；马来西亚 SMR20 均价 1665 美元 A（折合人民币 10684 元 A），环比跌 2.5%，同比涨 37.4%。天然橡胶价格长期在低价位徘徊，创历史纪录，使橡胶生产经营陷入了无利可图的境地。橡胶生产企业严重亏损，职工收入大幅下降，日常生活举步维艰。在此情况下，胶工弃割现象严重，胶园普遍弃管，更新改种其他经济作物苗头初现，云南的天然橡胶产业面临严峻考验。

二是产品批次量小，质量一致性差，不能满足下游市场需求。

对于天然橡胶性能一致性问题，国际橡胶研究小组（IRSG）总干事 Sekhar BC（原马来西亚橡胶研究院院长）在国际质量学术研讨会上明确指出：天然橡胶已进入质量时代，若不提高质量，尤其是改进和提高质量一致性，就会丧失市场，陷入不可挽回的困境。目前，云南省生产的原料胶产品主要为 SCRWF、SCRS、SCR10、SCR20 标准胶。SCRWF 工艺技术采用鲜胶乳加酸凝固工艺生产，因产量批次小，理化性能一致性差，不能满足目前市场多元化的需求。而采用鲜胶乳自然凝固或生物凝固为原料生产的 SCR10、SCR20 号胶，其黏度和强度等理化性能均可满足子午线轮胎生产要求，是轮胎生产企业的主导原料。但是，一般具有一定规模的轮胎生产企业生产过程中单次生胶投料混炼少则 50 吨，多则上百吨，而国内橡胶初加工产品批次量小，批次与批次产品间质量差异大。质量一致性差，是制约 SCR10、SCR20 号胶不能完全适应市场需求的重要因素。总体而言，生产产品批次量小、产品质量一致性差是我国天然橡胶初加工生产的重要缺陷。

三是橡胶产品的深加工及综合开发利用十分薄弱。

云南省干胶总产量约占全国的六成，但省内天然橡胶深加工企业生产规模不大，产品开发、技术创新和市场竞争能力弱，全省橡胶制品的深加工（轮胎、力车胎、胶管带、胶鞋、乳胶制品等）年耗胶不到1万吨，与云南省作为天然橡胶原料生产大省形成巨大反差。云南的天然橡胶产品多为原料销售，产业深加工增值的效益尚未发挥。此外，云南省天然橡胶产业综合利用程度也不高，虽然开发了橡胶木材及制品，但规模较小，产品档次不高，原木利用率有待提高；橡胶籽的综合开发利用尚未形成产业和规模。因此，积极开展横向经济技术合作，引进合作伙伴及新的技术、工艺、设备和人才，提升发展橡胶深加工及橡胶产业的综合利用，延伸产业链，增加附加值，是做强做大云南天然橡胶产业亟待解决的重要问题。

四是初加工企业环保、安全生产等执法监管有待优化。

按照目前的橡胶初加工工艺技术，每加工1吨天然橡胶产生15～20吨废水。废水中主要包括蛋白类物质和少量橡胶烃、橡胶微粒子等，均属有机无毒物质，但经过厌氧发酵处理后可以灌溉农用地，与其他化工或工业企业生产的有毒废水有本质区别。若简单粗暴地按照一般化工企业或工业企业的执法监管标准对天然橡胶初加工企业进行监管和执法，既不科学，也不合理，不利于天然橡胶产业的持续健康高质量发展。此外，环保、安全生产等部门缺乏沟通、协调，各自为政，要求购置安装相关监控设施设备，造成了不必要的重复投资和资源浪费，不利于减轻橡胶生产企业的负担。

2.2　云南省天然橡胶产业发展优劣势分析

2.2.1　种植业发展优劣势分析

2.2.1.1　优势分析

（1）地理位置优势

云南地理位置得天独厚，天然橡胶种植区具有大陆性兼海洋性气候交错影响的特点，年平均气温在20～22.6℃之间，月平均气温≥18℃的月份有8～9个，最冷月平均气温14.4～16℃，年降水量1200～1700毫米。5～10月降水占全年总量的90%左右，高温与高湿同季，有利于橡胶树生长和产胶。11月至第二年2月降水为年总量的3%～8%，干旱与低温同期，有利于橡胶树越冬。无台风影响，土层深厚肥沃，气候温暖湿润，日温差高达18℃左右，有利于橡胶树光合产物积累和产胶，单位面积橡胶产量居世界先进水平。

云南逐渐发展成为世界上最好的天然橡胶种植生产基地。由于地处内陆，受风寒灾害气候影响较小，全国种植面积最大、总产量最高的天然橡胶农场和行业以及全国农垦系统最大的制胶厂均集中于云南农垦。地理位置优势最为明显的西双版纳州，是云南省植胶自然条件最好的地区。西双版纳州地处云南省最南端，位于北纬21°08′～22°36，东经99°56′～101°50′之间，总面积近2万平方千米，热带和南亚热带季风气候的坝区、河谷、丘陵地带占总面积的83.7%，森林覆盖率达64%，北部有高大山体形成阻隔冷空气入侵的屏障，南部的海拔逐渐降低，地形呈帚状展开，使来自印度洋的暖气流可以长驱直入，造成气候地理分布的地带性改变，使热带北缘一直延伸进来；临近海洋、背靠高原、偏居内陆，因而四季温暖湿润、夏热多雨、冬暖有雾、静风少寒、土层深厚肥沃。西双版纳州大部分地区干湿季分明，昼夜温差大，日照时间长，年均气温18～22℃，年均降雨量1100～1900毫米，年均日照时数1800～2200小时，雨热配合状况好，因而西双版纳州的主要植胶地带的自然环境条件优于国内其他植胶区，其产出的乳胶原料也较为优质。例如，2022年植胶面积达451.23万亩，干胶产量33.75万吨，分别占全省总量的53.4%和63.67%；平均亩产达到99.1千克，比全省平均单产高6%。①

（2）低成本优势

云南农垦天然橡胶保持着全国割胶工人年均产干胶最高纪录，平均亩产107千克/亩，比全国平均单产高52%，成了全国唯一大面积平均单产超过100千克的天然橡胶高产基地，不仅单产居国内之冠，也远高于泰国、马来西亚和印度尼西亚等世界主要植胶国家的水平。云南农垦天然橡胶生产成本每吨为1700元左右，加工成本低于泰国、马来西亚、斯里兰卡等天然橡胶生产国，具有一定的低成本优势。

（3）规模优势

我国是世界第一大天然橡胶消费国，我国的天然橡胶80%以上依赖进口。据相关统计，截至“十二五”末的2015年，我国天然橡胶种植面积达到1740万亩，干胶产量约82万吨，其中云南种植面约为860万亩（开割面积约421万亩），云南全省天然橡胶总产量44万吨，橡胶种植面积和产量均为全国第一。“十三五”末的2020年，我国天然橡胶种植面积为1715万亩，橡胶产量约为82万吨，其中云南天然橡胶种植面积约850万亩，干胶产量为47万吨。

“十二五”期间，云南省在天然橡胶加工产业升级转型方面取得了历史性的突破。以云南农垦集团有限公司、高深集团有限公司、西双版纳中化橡胶有限公司为典型代表的天然橡胶产业化龙头企业纷纷在西双版纳州、德宏州、昆明市投资建设现代化天然橡胶深加工项目。“十二五”期间，云南省新建、改建投产的3万吨/年天然橡胶深加工项目不低于5个，新增天然橡胶精深加工产能约20万吨/年，并推出了如9710、9720、轮胎专用胶、无嗅胶、恒黏胶、绿色橡胶等新产品及专利产品，大大改善了我国天然橡胶高端成品原料基本依赖进口的不利局面，同时为云南省天然橡胶产业在精深加工业层面的发展做出了具有历史突破性的贡献，也大大促进了云南省天然橡胶产业从种植业（农业）向工业产业链的

① 数据来源于云南省农垦局。

不断延伸，进一步实现了产业经济的升级转型。①

以上数据显示，云南省“十二五”期间天然橡胶产业发展迅速，产业资源方面已经具备了相当的规模优势，这种规模优势未来还将继续得到提升。

（4）产品质量及技术优势

云南天然橡胶产品的研制开发和制胶厂建设也得到较快发展。云南天然橡胶产品质量不断得到提高，质量一致性保持稳定，主要生产的天然橡胶品种是标准胶、烟胶片、高氨浓缩胶、褐绉片，还成功研制了子午线轮胎专用胶、无嗅胶、恒黏胶、绿色橡胶等。同时，云南省还是我国重要的生物科研基地和生物技术研发人才培训基地。云南省热作所培育的云研 77－2、77－4、73－46 等良种，有高产高效适应性强的特点，是品种更新换代的主要品种。

尽管云南省天然橡胶种植面积和产量均占全国的一半左右，但仍存在胶园管理水平逐步下降，天然橡胶种植与天然橡胶初加工脱节，天然橡胶初加工厂产能过剩，橡胶加工企业规模小、产品种类少，总体竞争能力不强等问题。

低温寒害在云南省是一个普遍而又严重的问题。大规模植胶 50 多年来，总有一些地区的橡胶树遭受寒害，没有一个品系能够避免，只是受害次数和轻重程度不同而已。1973—1974 年的特强低温，使全垦区开割林地受害指数达 28.8，4～6 级占 14.6%，受害率达 70.1%；已分枝未开割林地受害指数达 35，4～6 级占 31.4%，受害率 66.4%；1～3 年生林地，受害指数 68.1，3 级占 57%，受害率达 79.5%。1975—1976 年的寒害，全垦区开割林地平均受害指数为 2.5 级，4～6 级占 36.4%，受害率达 78.2%；已分枝未开割林地，4～6 级占 17.6%，受害率达 52.1%；1～3 年生林地，3 级占 30.8%，受害率 65%。

虽然严寒年份几十年才一遇，且属偶发性，但对云南胶林影响严重。1973—1974 年和 1975—1976 年的两次低温寒害，全垦区各类橡胶林损失近 30 万亩，减产干胶近万吨，造成经济损失近亿元。

① 数据来源于云南省农垦局。

2.2.1.2 内部环境劣势分析

（1）运输条件差

云南天然橡胶产业生产环境交通运输条件较差。受地理位置影响，云南天然橡胶种植区域多为丘陵和山地，割胶工人从橡胶园挑送鲜胶乳走的是山间小路，尘土、落叶和雨水易污染鲜胶乳，影响产品质量。雨季来临时有山洪、泥石流，道路不畅，交通运输不便，造成鲜胶乳入厂和橡胶初级产品出厂运输困难。云南天然橡胶生产区域多为距省会昆明500千米以外的边境地区，运输距离长，主要依靠公路运输，路途遥远，运输成本较高，与海南省和泰国等地的天然橡胶生产企业相比，处于明显劣势。

（2）从业人员素质不高

云南天然橡胶产业的从业人员总体素质不高。云南天然橡胶产业是在一穷二白的基础上发展壮大起来的，开始完全采用计划经济的手段，从业人员文化素质偏低。云南农垦经过几十年的探索，逐步提高了员工的文化、技术素质，逐渐转变观念，敢于创新。但云南民营天然橡胶产业从业人员多为种植区的农民，文化基础差，文盲、半文盲人数占了很大比例，再加上当地从业农民基本没有学习和培训的机会，与行业之间缺乏交流和沟通，使得其不是很了解先进的加工技术和产品质量管理趋势。

（3）科技和管理人才匮乏

云南天然橡胶产业不论是农垦天然橡胶还是民营天然橡胶都存在一个十分严重的问题，即人力资源过剩，而科技和管理人才严重匮乏。随着橡胶种植技术、割胶技术的更新，橡胶加工厂生产的规模化，高新技术在橡胶产业的应用，天然橡胶产业所需的低端劳动力还会进一步减少，这是一个产业由低级向高级发展的过程中不可避免的。随着天然橡胶产业的发展，其对高层次科技和管理人才需求越来越大，21世纪天然橡胶产业的竞争，不仅是植胶面积、干胶产量、干胶价格的竞争，更是对科技和管理人才的竞争。由于农场生活艰苦，特别是近年来橡胶效益不好，很难吸引有技术、有管理经验的人才从事与天然橡胶产业相关的工作。现在橡胶农场的生产科长中，有相当一部分是中专生，生产技术人员已出现断层和后继无人的现象，这对天然橡胶产业的发展来说是个很大的隐患。

2.2.2 加工业发展优劣势分析

云南拥有全国最大的天然橡胶初加工产能，共有天然橡胶初加工企业67家，注册商标11个，初加工厂180余座（年产万吨级以上的约20座），其中云胶集团46座，西双版纳中化橡胶有限公司6座，云南海胶橡胶产业有限公司6座，云南广垦橡胶有限公司9座，云南高深橡胶有限公司4座，其他民营橡胶企业约110座；天然橡胶年加工能力约为170万吨，橡胶加工业年产值达100亿元以上（含进口原料加工）。云南天然橡胶初加工产品可分为浓缩天然胶乳和颗粒胶两大类，以颗粒胶为主，各类烟胶片的生产已淘汰；产品以全乳胶SCRWF、SCR10、SCR20居多，少数企业可以生产子午线轮胎专用胶TSR9710和TSR20等，高等级轮胎专用胶相对较少，航空轮胎专用胶仅云胶集团江城有限公司与曙光橡胶工业研究设计院有限公司合作少量生产。近年来，随着市场需求的变化，部分天然橡胶初加工企业逐步转为生产高氨含量浓缩胶乳。

生产设备需进一步更新。云南重点发展的是生物医药和大健康、高原特色农业、旅游文化、新材料等八大产业。虽说高原特色农业也是重点发展的产业，但在众多的高原特色农业产业里面，烟草、茶叶、花卉等是比较受重视的产业，而对天然橡胶产业重视不够，制胶厂设备更新和技术改造投入严重不足，陈旧老化现象严重，不仅产品质量得不到保证，甚至设备运行安全都难以保障，严重阻碍了现有制胶企业加工能力及劳动生产率的提高。

2.2.3 综合情况分析

云南天然橡胶产业存在的问题表现在以下几个方面：

2.2.3.1 种植方面

（1）胶园建设投入不足、管护水平较低

由于云南省植胶企业和个人自筹资金能力有限，导致水土保持、水利设施、林间生产道路、防寒防风设施等配套工程建设长期滞后。胶林缺乏持续的、科学的营养补充及病虫害防治，致使非生产期延长、低产低质胶园增加、经济寿命缩短。特别是民营胶林，多为集体或农户分散种植经营，经营管理水平低，技术措施贯彻难度大。近年来，由于橡胶价格大幅回落，还出现了一些胶林遭到弃管的现象。这些因素大大影响了云南省优质优产胶园的发展，一定程度上影响了云南省天然橡胶产业的效益。

目前，云南省有部分胶园陆续进入更新期（橡胶树种植生长周期40～45年，经济周期35年，超出这个周期后需要更新），每亩更新需投入约1500元。橡胶树从定植到开割需8年时间，其间每年还需600～900元/亩抚管投入，故橡胶树的种植需要有资金的保障，才能保证胶园的正常生长、更新。

（2）高风险胶林占比增加

天然橡胶产业属于资源约束型产业，天然橡胶的种植对地理位置、气候条件、海拔高度、土壤性质等具有特别的要求，是一项需要科学指导、长期投入并维护管理的生物资源开发项目。然而，2010年前后受天然橡胶市场高价的吸引，云南省很多天胶产区存在明显的短视行为。一是盲目扩种，大面积超规划、超海拔、超纬度的“三超”胶林出现，这些胶林潜藏着巨大的投资风险；二是掠夺式割胶，超割、强割严重损害了树体的健康和持续产胶能力；三是在胶价下滑时疏于投入和管理，使胶园遭到弃割、弃管，严重损害了橡胶品质。这些行为直接导致高风险胶林的增加，威胁着云南省天然橡胶产业的健康可持续发展。

（3）种植行业缺乏规范性

首先，种植企业和个人缺乏持续发展的思路，导致云南省胶园规划设计前瞻性不足。其次，云南省的橡胶种植、管护以及割胶技术还有待进一步提高。尤其是民营橡胶的产量和质量都比较低，使橡胶产业成为劳动密集型产业，而不是技术密集型产业。许多分散和小型的个体种植和经营，缺乏技术支持和学习，常在橡胶种植环节出现以下技术问题：橡胶种苗质量参差不齐、橡胶林在生长期间管理不合理及种植密度过大、割胶技术水平低等。这些问题的存在造成橡胶产量减少，同时由于割胶技术不当，致使橡胶树经济寿命缩短。比如，农垦橡胶树的经济寿命平均30多年，而民营橡胶树的经济寿命平均只有10多年。

（4）受价格波动影响大

自2003年开始，中国已成为世界上最大的天然橡胶消费国和进口国。然而，与进口大国地位极不相称的是，中国对天然橡胶国际价格的影响却十分有限，是橡胶价格波动的被动接受者。天然橡胶国际定价权的缺失，对中国的天然橡胶产业的发展具有许多不利的影响。作为橡胶价格的被动接受者，云南省的橡胶产业也受到国际橡胶价格波动的影响。在橡胶价格上涨的时候，农户纷纷种植橡胶树和割胶；当出现供需失衡或者其他原因，造成橡胶价格下跌时，农户的种胶积极性下降、收入受到影响。此外，在橡胶价格波动的时候，橡胶加工企业也会受到影响，利益受到损失。橡胶价格的剧烈波动，不利于云南省橡胶产业的可持续经营和发展，甚至威胁到中国的橡胶供给安全。

2.2.3.2　加工方面

（1）加工业仍待深入整合升级，终端产品制造业亟须发展

虽然云南省在“十二五”期间大力发展天然橡胶精深加工，产能约20万吨/年，但是由于原料无序竞争，这些产能尚未充分发挥其作用，云南省天然橡胶加工业散、乱、差的落后局面并没有得到实质性改变。

2013年，云南省干胶产量约42.5万吨，全省有183座橡胶加工厂，设计产能总量约150万吨，设计产能万吨以上的仅有16家，小胶厂遍地开花，且普遍存在加工工艺落后、产品批次量小、产品性能一致性差、环境污染严重及效益低下等问题。相比之下，泰国2015年生产干胶约447万吨，虽然也有大小200家左右的加工厂，但有80%以上的产量由加入泰国橡胶协会的48家大企业完成，这说明其整个行业的质量、工艺等管理的可控性是很强的。对云南省天然橡胶进口企业的调研发现，用泰国3号烟片和缅甸3号烟片作比较，后者质量波动相当大，特别是人为掺假情况相当严重，分析其原因，是因为缅甸橡胶加工业相当分散、落后，且基本为作坊生产，同一批进口来的产品很可能出自几个不同的工厂，出了质量问题根本无法追溯，而下游产业主要是轮胎制造业，对所用天然橡胶的质量一致性和持续供应批量要求很高。所以，目前云南省初加工工厂数量多、布局分散、管理及技术相对独立的现状对云南省天然橡胶品质的提升、品牌的建设相当不利，严重不符合下游产业的市场需求及技术需求。因此，与本产业的国际发展先进水平比较，云南省在原料加工业方面还存在着很大的差距。

在天然橡胶产业的更高领域——终端产品制造业，云南省的产业发展现状与资源优势存在巨大的反差。全省规模以上的橡胶制品制造企业仅有3家，其中云

仁轮胎主要生产力车胎，三江恒泰的主要产品为橡胶输送带，全省天然橡胶成品制造业年消费天然橡胶不足1万吨。

（2）生产经营方式较单一，对天然橡胶产业健康发展引导不足

云南大部分天然橡胶企业均是单一的纯生产型企业，销售渠道不够完善。有关职能部门还未下决心创新云南尤其是西双版纳地区橡胶生产技术；还不能真正适应市场需要，合理布局云南天然橡胶产业发展，统筹天然橡胶的种植、收购、加工、销售管理；对种植地环境保护和植胶区域布局规划建设监控不够；规范橡胶原材料中间收购市场秩序的工作力度不够，还没有相关的法律法规，对出现的掺假违规的非法行为未能依法惩治。长此以往，云南天然橡胶行业的健康、可持续发展终将受到严重影响。

（3）天然橡胶加工企业对科技创新重视不够，人才培养和储备工作滞后

一个具有一定数量的有创新能力、真才实学的高层次管理者和员工的加工企业，才可能成为强大的企业。云南大部分天然橡胶加工企业仍以经验为主，对科技创新和创新人才的培养重视不够；大部分企业不重视中高层管理人员的持续培训，过于考虑人力成本，忽视了人才储备，技术型人才及后备干部的储备工作相对滞后。

（4）天然橡胶加工企业标准化管理滞后，未将制度管人和人管人有机结合

标准化生产是企业管理基础工作的核心，也是组织现代化生产的重要手段和科学管理的重要组成部分。目前，云南天然橡胶加工企业有近百家，但真正通过IS09001及14001管理认证的不多，而真正能应用到企业生产管理中的更是少之又少。大部分橡胶企业存在着管理者整体文化水平不高、对标准化的认知不够、加工管理不规范等问题。企业标准化管理滞后，严重制约着企业的发展。

制度管人是按照企业制度规范员工的行为，按流程办事就是按照既定的作业程序操作。只有“以制度管人，按流程办事”，才能实现组织的标准化、高效化、低成本、快节奏，提高企业的市场竞争力。但是，以“制度管人”必然要通过人的管理，即以“人管人”来实现。“人管人”和“制度管人”不是相互分离的，而是相辅相成的。然而，云南大部分天然橡胶企业仍然实行“人管人”的管理，以“制度管人”相对较少，还不能将“制度管人”和“人管人”有机

结合。当然不是没有制度，而且每个企业都有自己的各种管理制度，问题出在：一是制度本身设计不合理，二是执行力不够。这些都制约着企业生产力的提高。

2.2.3.3　其他方面

（1）科技创新不足和服务体系不完善

云南省从事橡胶种植和产品研发的科研机构仅有3家（隶属农垦），橡胶科研及技术推广服务体系较薄弱，专业科技服务人员严重不足。除国有农场外，仅少部分胶农能得到产前、产中、产后全程综合指导服务，广大民营胶园的科技贡献率较低。如临沧市镇康县军赛乡部分农户种植的橡胶树每亩种植密度高达40～50株，定植12年还不能投产，全乡已投产的橡胶平均亩产量仅47千克；而相距15千米外的孟定农场由于有较为完善的生产管理和技术服务体系，每亩橡胶产量已超过100千克。大量胶农迫切希望在橡胶树种植、胶园管理、割胶技术和病虫害防治等方面得到具体的指导和系统培训。

（2）天然橡胶生产对环境污染大

生产规模较小的橡胶加工厂，设施落后，能源消耗大，有的环保意识较薄弱，存在未批先建、治理设施不够完善和超标排放等违法行为，严重影响了当地生态环境；有的为降低生产成本，减少管理运行费用，虽有废水治理设施，但运行不正常或不运行；还有的加工厂为降低成本仍采用高污染的重油或煤作为燃料，产生大量的二氧化硫、二氧化碳、油滴或煤尘，污染周边环境。只有少部分环保意识较强，如西双版纳引进生物接触氧化法，实现了废水封闭循环不外排。没有条件的小加工厂一般采用氧化塘—无氧化曝气法、水生生物法来治理，但处理时间较长，效果不稳定，甚至会造成二次污染。

（3）产业支持和保护体系尚未建立

一是自然灾害损毁胶树造成较大的经济损失。例如普洱市江城橡胶公司2013年5月遭受特大风灾，3.79万株橡胶树被损毁，虽然通过政策性保险公司获得6142株每株80元的赔偿，但灾害保险仍处于试点阶段，保障范围和程度不够。二是国家物资储备局在橡胶价格低迷时虽启动了收储政策，但效果不明显。如2014年收储2万吨标准胶，收储量仅为云南省产量的5%。三是未建立价格联动机制。橡胶种植与加工环节联结不强，企业和农户共赢格局没有形成，胶农得不到橡胶企业的扶持和指导，橡胶企业未能反哺生产基地和胶工，产业发展风险防范体制和机制尚未建立。

2.3 云南省天然橡胶产业环境及竞争结构分析

云南是我国重要的橡胶生产基地之一，其种植面积、总产量和单产量均处于全国领先水平，肩负着保障我国天然橡胶资源供给的重要使命，也是全球重要的天然橡胶供应地之一，天然橡胶种植业的资源环境状况备受关注。2022 年 10 月，省委农办、省农业农村厅、省农垦局联合印发了《云南省天然橡胶产业三年行动实施方案（2022—2024 年）》，明确到 2024 年实现“全省天然橡胶种植面积、产量分别稳定在 850 万亩、46 万吨以上，全产业链产值由 2021 年的 180 亿元增加到 250 亿元”的目标。然而，云南天然橡胶种植业发展也面临着很多挑战，其生产环境、市场竞争状况均值得深入分析和研究。

2.3.1 种植环境及竞争结构分析

云南天然橡胶种植业的环境因素对其生产和经营具有重要影响。在资源条件方面，云南橡胶种植业主要依赖自然条件，如土地、气候和水源等。因此，占地面积成为云南天然橡胶种植业资源配置的主要因素，其次为海拔高度和坡度等。同时，云南地处热带、亚热带气候带，气候条件也对橡胶树的生长产生影响。在市场竞争环节，种植业也面临着强烈的竞争压力。由于云南天然橡胶种植业生产成本相对较高，加之橡胶行业的全球市场竞争异常激烈，加剧了云南地区天然橡胶种植业的竞争压力。因此，在分析影响云南天然橡胶种植业环境的因素时，需要考虑到自然资源和市场两方面的影响。

（1）云南天然橡胶种植业资源环境状况

云南省于 1904 年引种橡胶树，是我国最早引种橡胶树的地区，至今已有 100 余年的历史，而天然橡胶的大规模种植和发展则是在中华人民共和国成立之后。从 1951 年开展资源调查开始，云南橡胶业至今已走过了半个多世纪的发展历程，橡胶树种植面积和产量逐年稳步增长。云南橡胶产业经过多年的发展，经历了土地资源调查、造林、引种试种、种植规模经营、良种推广、全面推广抗旱高产植胶综合技术、改革割胶制度、巩固提高植胶效益等发展历程，已经发展成为云南省粮食、茶叶、花卉、蔬菜（含食用菌）、水果、坚果、咖啡、中药材、牛羊、生猪、乡村旅游、烟草、蔗糖、天然橡胶等“1+10+3”重点产业之一。目前，云南天然橡胶种植主要分布在西双版纳、普洱、临沧、红河、德宏、文山和保山7个州（市）、31个县（区）的热区，涉及16个民族，从业人员超过100万人。这些地区具有适宜的气候、土壤条件，是优质的橡胶生产区。同时，这些地区的降雨量丰富，土地肥沃，能够提供足够的水源和养分，极大地促进了橡胶的生长和发展。截止到2021年底，云南省天然橡胶种植总面积为58.27万公顷（874万亩），其中云南农垦体系13.87万公顷（208万亩）、民营43.53万公顷（653万亩）；投产面积为37.87万公顷（568万亩），其中云南农垦体系9.87万公顷（148万亩）、民营25.73万公顷（386万亩），总年产干胶48万吨，平均单位面积产量（简称单产）为1306.50千克/公顷（每亩87.1千克）。云胶集团江城公司平均单产达1500千克/公顷（每亩100千克）以上，是目前我国唯一大面积平均单产超过1500千克/公顷的天然橡胶生产基地，单产也远高于泰国、马来西亚和印度等世界主要产胶国。

（2）云南天然橡胶种植业自然环境分析

受自然环境和植地范围的限制，我国仅云南省、海南省和广东省的部分地区适宜种植天然橡胶。云南地理位置得天独厚，是世界上最好的天然橡胶种植生产基地。由于地处内陆，受风寒灾害气候影响较小，全国种植面积最大、总产量最高的天然橡胶农场和行业以及全国农垦系统最大的制胶厂均集中于云南农垦。其中，西双版纳州是云南省植胶自然条件最好的地区，其产出的乳胶原料质量较优。

同时，云南省种植胶区地理、气候环境及植胶面积也存在一定程度的局限性。首先，云南省处于地震带上，地形较为复杂，地震和地质灾害风险较高，可能会对天然橡胶种植产生一定的不利影响。其次，云南省的气候环境易受到洪涝、滑坡、病虫害等自然灾害的影响。最后，国内宜植胶土地资源约束加剧，天然橡胶种植空间有限。天然橡胶产业属于典型的资源约束型产业，易受自然环境和植地范围的限制。云南农垦拥有的土地总面积为22.57万公顷（338.5万亩），通过70多年的开发建设，已开垦利用17.28万公顷（259.2万亩），其中天然橡胶种植面积接近14.67万公顷（220万亩）。目前，国内宜植胶土地资源已基本开发利用，通过扩大种植规模提升天然橡胶产量的空间十分有限。

总的来说，云南省的自然环境条件较为适宜种植天然橡胶，但同时也存在一定的不利因素。因此，在天然橡胶产业发展中，需要充分考虑自然环境的因素，采取有效的措施应对自然灾害，确保天然橡胶生产的稳定和可持续发展。

（3）云南天然橡胶种植业的市场竞争结构分析

目前，云南天然橡胶种植业的市场竞争结构呈现出多元化的现象。在云南天然橡胶种植业市场竞争中，企业竞争力差异较大，高度垄断的情况并不普遍。然而，也存在着一些不完善的竞争结构。一方面，市场规模相对较小，限制了企业发展的空间；另一方面，企业之间的竞争主要依赖于价格、销售方式等方面，没有完全进行技术竞争，橡胶市场价格低迷，弃管、弃割等问题突出。受国外进口市场、橡胶替代品研发和国内消费市场萎缩等因素影响，橡胶价格大幅跌落，2022年每吨干胶交易价格回落到1.1万元，比往年每吨降低了约3000元。由于胶价持续走低，胶农种植、管护、割胶的积极性持续下降，出现弃管、弃割等问题。胶园普遍被弃管，更新改种其他经济作物苗头初现，云南的天然橡胶产业面临严峻考验。对此，应该采取措施提高市场规模，扩大竞争范围，并积极推动企业科技创新。此外，政府可以在政策上加大对中小企业的支持力度，鼓励多元化经营和品牌建设，从而促进市场竞争结构进一步优化。总体而言，云南天然橡胶种植业的市场竞争尚处于初级阶段，有着较大的发展潜力和空间。

2.3.2 加工环境及竞争结构分析

云南天然橡胶加工业是云南省的重要产业之一，对于促进当地经济发展和改善农民收入具有至关重要的作用。然而，随着全球橡胶市场竞争愈发激烈和环境问题日益凸显，云南天然橡胶加工业面临着许多挑战。

（1）云南天然橡胶加工业的环境分析

一是政策环境的影响。云南天然橡胶加工业的发展受到政策环境的影响，政策环境的变化对于云南天然橡胶加工业的发展具有重要的推动作用。首先，国家政策的支持使得云南天然橡胶加工业获得了极好的发展机遇。随着我国政府对新能源产业的重视和支持力度的增加，云南天然橡胶加工业得到了政策层面的扶持和引导，从而在市场竞争中处于较为有利的地位。其次，政策环境的调整对云南天然橡胶加工业的布局和产业链整合产生了积极的影响。政府出台了一系列政策措施，促进了云南天然橡胶加工业与相关产业的协同发展，提高了整个产业的竞争实力。最后，政策环境的变化还促使云南天然橡胶加工企业进行技术创新和转型升级，提高了产业的竞争力。总的来说，政策环境对云南天然橡胶加工业的影响不可忽视，只有与时俱进、积极应对政策变化，企业才能在激烈的市场竞争中立于不败之地。

二是自然环境的影响。云南作为我国重要的天然橡胶生产地之一，其独特的自然环境条件对云南天然橡胶加工业具有积极的影响。云南天然橡胶加工业受益于其特有的自然环境条件，温暖湿润的气候、丰富的土壤和水资源为橡胶的生长和发展提供了有利条件。这些自然环境的特点，为云南天然橡胶加工业的发展奠定了坚实的基础。然而，受到环境变化和人类活动的影响，云南天然橡胶加工业仍面临着一系列的挑战。因此，云南需加强环境保护力度，走可持续发展道路，积极探索适应气候变化和环境变化的可持续发展模式，为全国天然橡胶加工业的繁荣做出应有贡献。

（2）云南天然橡胶加工业的竞争结构分析

一是主要竞争力因素的评估。我国天然橡胶加工产能主要集中在海南与云南，其中海南占 80 万吨左右，云南占 120 万吨左右。云南天然橡胶加工业作为云南省重要的产业之一，具有重要的经济意义和战略地位。2005 年至今，云南天然橡胶生产加工布局在不断优化，初级产品加工厂从 300 多家整合成 100 多家，初级加工产品结构也有较大调整，传统5 号、110 号胶占比明显下降。当前，主要的天然橡胶产品可以划分为全乳胶、浓乳胶、轮胎胶，云南则主产全乳胶、T20、9710、SCR5 等，近期新增浓乳工作但产量较小。云南天然橡胶加工业自

20 世纪 50 年代开始，发展至今已有 70 余年的历史，其对于促进当地农民增收、改善居民生活条件，推动农村经济发展具有重要意义。随着技术的演进，天然橡胶加工技术也得到了不断的改进与升级。传统的橡胶加工方式主要是手工操作，但随着机械化生产设备的引入，加工效率得到了显著提高。特别是近年来，随着信息技术和自动化技术的应用，云南天然橡胶加工业实现了从传统的人工操作向现代化、智能化的转变。然而，自然环境的不稳定性也给橡胶种植和加工带来了一定的不确定性。同时，存在初加工产能过剩，精深加工基础薄弱的问题。云南天然橡胶初加工市场处于云胶集团、海胶集团、广东广垦橡胶集团、中国中化集团、际华集团及民营企业等多足鼎立的状态，橡胶加工厂数量及生产规模远远超过云南天然橡胶原料的供给能力，高价抢购原料、压价销售产品等不正当竞争情况时有发生。云南作为天然橡胶生产大省，以橡胶原料初加工为主，加工企业生产规模普遍不大且同质化问题严重，产品深度开发、技术创新和市场竞争能力较弱，全省橡胶制品的深加工年耗胶量不到 1 万吨，天然橡胶原料深加工增值的效益尚未显现。橡胶林综合利用程度不高，虽然开发了橡胶树木材及其制品的加工，但是生产规模较小，产品档次不高，原木利用率有待提高，橡胶籽的开发利用也尚未形成产业和规模。整个产业仍处于分散的状态，在种植、原料加工、产品制造等方面没有产业联盟的协调和保护机制，企业很难差异化地发展自己的核心业务，难以体现出资源优势带来的经济和社会效益，特别是在产业新领域研究发展和科技创新方面还需要大量的技术、信息、资金和人才。

二是云南天然橡胶加工业的竞争对手分析。在这里，我们需要考虑与云南天然橡胶加工业相同或类似的其他地区的竞争对手。云南的主要竞争对手包括我国的广东省、海南省和泰国等地的橡胶加工业。

广东作为中国橡胶加工业的重要基地之一，具有完善的橡胶产业链和先进的加工技术，拥有丰富的橡胶资源，并且相对较早地开始了橡胶加工业的发展，积累了丰富的经验和技术。广东的橡胶加工业规模较大，其产品不仅满足国内市场需求，还出口到国外。海南也是中国重要的橡胶加工业基地之一，其拥有得天独厚的自然条件，气候和土壤条件非常适合橡胶生长。海南的橡胶种植和加工业发展较快，形成了较为完整的产业链，具有丰富的橡胶资源和一流的加工设施，能够提供高质量的橡胶产品。泰国是世界上最大的天然橡胶生产国，其橡胶加工业在国际市场上具有竞争优势。泰国的橡胶加工技术成熟，产品质量稳定、可靠。泰国拥有广阔的橡胶种植面积和先进的加工设施，能够生产多种不同规格和品质的橡胶产品，满足国内外需求。

与这些竞争对手相比，云南天然橡胶加工业存在一些竞争劣势。第一，云南相对较晚加入橡胶加工业，缺乏广东和海南那样的长期积累的经验。第二，云南的橡胶加工技术相对落后，产品质量和稳定性有待提升。多年来，云南天然橡胶产品加工仍停留在为下游产业提供原料产品的初级阶段，全省天然橡胶初加工产品以技术分级橡胶和轮胎专用胶为主。面对快速增长的天然橡胶消费需求，云南天然橡胶产品结构调整相对滞后，橡胶制品生产技术有待提高，主要生产低附加值的橡胶制品，高等级轮胎用胶、设备领域用胶等在高附加值橡胶制品中的应用较少。云南天然橡胶产业链不够完整，没有形成橡胶产业集群，抗御市场风险能力较弱。然而，云南也有自身的竞争优势。首先，云南地处西南地区，与东南亚国家接壤，具有便利的交通和贸易优势。其次，云南拥有丰富的水力资源，有利于橡胶加工业的能源供应。最后，云南省政府积极推动橡胶产业的发展，并出台了一系列有利于橡胶加工业发展的政策措施。

综上所述，云南天然橡胶加工业的竞争对手主要来自我国的广东省、海南省和泰国等地。尽管云南天然橡胶加工业在一些方面存在竞争劣势，但其地理位置、资源优势和政策支持为其发展提供了一定的机遇和条件。云南应加快技术创新和质量升级，提升橡胶产品的竞争力，以在激烈的市场竞争中占据一席之地。

2.3.3 贸易端环境及竞争结构分析

随着国内橡胶需求的不断增加，云南省天然橡胶的销售市场逐渐扩大。同时，国际市场天然橡胶价格的波动也对云南省天然橡胶贸易产生了重要影响。

（1）天然橡胶贸易的重要性和现状分析

天然橡胶贸易在云南省乃至全国的经济中具有重要的地位和作用。作为云南省重要的农林产品之一，天然橡胶的贸易量和贸易额对于云南省的农业和农民收入具有重要影响，为地方经济的增长和转型升级提供了重要支撑。同时，天然橡胶贸易也为国家的贸易结构调整和外贸发展做出了积极贡献。当前，云南省的天然橡胶贸易面临着一系列挑战和机遇。一方面，天然橡胶的供需关系对贸易产生重要影响。随着国内外天然橡胶市场的发展和需求的变化，其供应与需求的匹配程度对贸易的稳定性和盈利能力产生直接影响。另一方面，国家政策法规对贸易也有着重要影响。政府对天然橡胶贸易的政策支持、关税和贸易壁垒的调整，以及环境保护和可持续发展等因素，都将对天然橡胶贸易的发展和竞争结构产生重要影响。

天然橡胶产业符合国家产业政策和发展规划，其在发展的各个时期都得到了国家的高度重视。特别是2007年《国务院办公厅关于促进我国天然橡胶产业发展的意见》发布后，天然橡胶产业作为优先发展的热作产业，其基础设施和科技投入力度不断加大，免征天然橡胶农林特产税、建立天然橡胶基地建设基金、实施良种补贴和标准化抚育补助等扶持政策不断得到完善。2011年，《国务院关于支持云南加快建设面向西南开放重要桥头堡的若干意见》明确指出，鼓励云南农垦整合以天然橡胶为主的优势产业，培育橡胶龙头企业集团，建设立足国内、辐射东南亚和南亚的橡胶主产区。2015年，中央一号文件首次提出启动实施天然橡胶生产能力建设规划，而《中共中央国务院关于进一步推进农垦改革发展的意见》更明确提出将云南农垦建设成为国家天然橡胶基地。

云南一直将天然橡胶产业作为重点打造的特色优势骨干产业。2016年4月，云南省政府下发了《关于深化农垦改革发展的实施意见》，明确提出把农垦建设成国家天然橡胶生产的主力军的发展目标。2019年，云南出台了《云南省支持橡胶产业发展实施方案》，进一步夯实产业发展的基础，为天然橡胶产业发展创造更加有利的环境和条件。2020年2月，《中国（云南）自由贸易试验区管理办法》明确提出，鼓励各类企业在自贸试验区建设国际商贸物流基地，推进大型进口资源集散中心和出口商品专业市场建设，支持在红河片区、德宏片区建设边境仓，支持试点天然橡胶等产品储备制度改革。《中国（云南）自由贸易试验区天然橡胶储备制度工作方案（征求意见稿）》明确提出，创新天然橡胶储备体系，计划到2025年云南地区国家天然橡胶储备基地规模达到30万吨，省级天然橡胶专用储备基地仓储库容保有量达到20万吨，开展国家天然橡胶储备与轮换模式试点工作且规模达到30万吨，20号胶保税交割专用仓库库容保有量达到20万吨。2022年10月，省委农办、省农业农村厅、省农垦局联合印发了《云南省天然橡胶产业三年行动实施方案（2022—2024年)》，明确到2024年实现“全省天然橡胶种植面积、产量分别稳定在850万亩、46万吨以上，全产业链产值由2021年的180亿元增加到250亿元”的目标。云南将按照“稳面积、稳产量、提品质、增效益”以及产业化、规模化、标准化、品牌化发展的总体思路，着力推进基地提升、绿色引领、初加工提升、科技创新、延链增值五大工程，稳步推进胶园更新改造、生态胶园和特种胶园建设、采胶和加工工艺技术创新应用，促进胶农增收、胶企壮大、胶业升级，助力乡村振兴，全面提升天然橡胶资源供应保障能力，进一步巩固云南作为全国天然橡胶资源安全供给主力军的地位。

（2）天然橡胶贸易端环境的现状与问题分析

首先，在宏观环境方面，国内外天然橡胶市场的发展趋势对贸易端环境具有重要影响。全球天然橡胶的发展主要依赖经济的发展。近年来，欧美多数发达国家的天然橡胶的需求量基本上保持稳定，亚洲和美洲等一些发展中国家，尤其是中国、印度、巴西等国家经济发展快，天然橡胶需求量呈现增长趋势。从产量来看，泰国、印度尼西亚、越南等天然橡胶生产大国近年在不断扩大橡胶种植业。2021年，全球天然橡胶产量1341万吨，需求量1327万吨。当前，全球天然橡胶仍处于供应大于需求的阶段。国内外天然橡胶市场的发展并不是一帆风顺的，其市场受到全球天然橡胶价格波动、政策调整、环境要求等因素的影响，存在不确定性和波动性。同时，随着人工合成橡胶的发展和应用范围的扩大，天然橡胶面临着来自替代品的竞争压力。国内天然橡胶市场存在供需矛盾和价格波动的问题，导致贸易端环境不稳定。此外，政策法规的制定和执行也对天然橡胶贸易产生重要影响。不同国家和地区对天然橡胶行业的政策立场和管理方式也不同，进而导致不同的贸易条件和竞争格局。

其次，在微观环境方面，供应链结构及其对贸易的影响是天然橡胶贸易端环境的重要方面。天然橡胶的供应链结构复杂多样，包括种植、采收、加工、贸易等环节。各个环节的效率和协调程度直接影响着贸易的顺利进行。此外，贸易通道和物流状况也对贸易端环境产生影响。天然橡胶贸易的跨国运输和跨区域物流存在一定的困难，且成本相对高，这对贸易环境提出了一定的挑战。另外，天然橡胶市场的竞争情况和相关企业的影响力评估也是微观环境分析的重点内容。目前，天然橡胶市场竞争激烈，企业间存在着一定程度的合作与竞争关系，相关企业的资源和能力对贸易环境产生一定的影响。

以上是对天然橡胶贸易端环境现状的简要分析。通过研究发现，天然橡胶贸易端环境存在一些问题。首先，国内外天然橡胶市场的发展趋势不一致，贸易环境不稳定，而且政策法规的变化也给贸易带来一定的不确定性；其次，供应链结构复杂，各个环节之间的协调和合作存在一定问题；再次，贸易通道和物流状况对贸易的影响较大，物流成本和运输时间长等问题亟待解决；最后，天然橡胶市场竞争激烈，企业间的竞争策略和合作关系也存在一定的不确定性。

2.3.4 综合情况分析

云南天然橡胶产业作为本省农业支柱产业之一，其种植面积、总产量和单产量均处于全国领先水平，肩负着保障我国天然橡胶资源供给的重要使命。当前，云南省天然橡胶产业面临着诸多挑战和机遇。

第一，云南省天然橡胶产业的发展模式需要改变。当前，云南省的橡胶种植模式还比较传统，种植面积小、等级低、产量少、品质不高，难以满足市场需求。因此，探索出一种新的天然橡胶种植模式显得格外重要。

第二，云南省天然橡胶产业需要进一步提高品质。天然橡胶品质是影响产品质量的重要因素，目前云南省天然橡胶的国际市场知名度不高，还需要加强品牌建设和产品宣传，提高天然橡胶产品质量，以加强市场竞争力。

第三，天然橡胶行业是农业工业的交叉领域，亟须深入开展科技创新研究，促进科技成果转化推广；加强人才队伍建设，进一步完善生产技术和流程，以提高生产效率和降低成本。

第四，在市场竞争激烈的环境下，云南省天然橡胶产业需要提高自身的市场竞争力。要加强产业链的整合，提高上下游企业之间的合作与互动，拓展与国际贸易的合作与交流，实现提高产值、提高效益、提高市场占有率的目标。

总的来看，云南省天然橡胶产业发展潜力巨大，发展前景广阔。只要抓住机遇，以市场为导向，优化产业结构，加快技术创新，提高产品质量，努力挖掘农业资源，为当地经济发展注入新动力，今后的天然橡胶产业发展前景必定更加美好。

2.4　云南省天然橡胶产业发展成效及典型企业经验总结

2.4.1　云南省天然橡胶产业发展取得的成效

云南是我国天然橡胶种植起源地，自 1951 年《关于扩大培植橡胶树的决定》出台后，云南省开始发展天然橡胶产业。历经 70 多年的努力，天然橡胶产业已成为云南省传统优势特色产业，现已建成我国最好的天然橡胶生产基地。在云南、海南和广东 3 个主要植胶区中，云南已成为全国植胶面积第一、总产量第一、单产水平第一的优质天然橡胶生产基地。云南省天然橡胶初加工企业有云南农垦、中化、海胶和高深等 70 多家，注册商标 10 多个，拥有橡胶初加工厂 180 多座，主要生产达到国际标准的乳标胶、凝标胶和浓缩胶乳等三大系列产品，在开发生产轮胎专用胶等产品的同时向浓缩乳胶、成品乳胶进军，橡胶产业链体系正在逐步形成。云南省天然橡胶产业形成了集种植、生产、营销和科研等于一体的产业体系，为热区脱贫致富、社会安定团结、边疆巩固发展和保障国家天然橡胶供给做出了重要贡献。

2.4.2　云南省天然橡胶龙头企业简况及其经验总结

云南橡胶业历经 70 多年的发展，橡胶企业大量涌现。在时代浪潮的淘洗下，有的企业早已销声匿迹，有的企业在多种资源的加持下日益壮大，有的企业从濒临破产的绝地中破茧重生，亦有企业破壳诞生加入橡胶企业行列。

云南天然橡胶产业集团有限公司（以下称云胶集团）是云南省的天然橡胶龙头企业，其分布在云南省各个州（市）的 15 家全资控股企业又是各州（市）的橡胶龙头企业。此外，云南规模较大的国有控股橡胶企业还有海南橡胶云南分公司、广垦橡胶云南分公司、中化橡胶有限公司、宝连华橡胶有限公司等。民营企业中，规模较大、发展势头较好的橡胶企业有西双版纳曼列橡胶有限公司、云南田野橡胶集团有限公司、西双版纳云锰新兴天然橡胶有限公司等。

云胶集团是云南农垦集团根据党中央、国务院，以及云南省委、省政府关于深化农垦改革政策组建的现代农业产业集团，下辖15家全资控股企业；总部设在昆明，成员企业及所属橡胶种植基地和加工厂分布在云南省的西双版纳、普洱、红河、临沧等州（市），以及老挝、缅甸等国家，营销和贸易网络遍布上海、青岛、海南等地，以及新加坡、泰国等国家。

云胶集团是云南省唯一的集橡胶种植、加工、贸易、金融衍生品和电子商务于一体的国有天然橡胶产业集团，资产总额40亿元，现有从业人员1.6万人，胶园50万亩，橡胶加工厂48座，年干胶生产能力超过50万吨，年营业收入超百亿，云胶集团的“云象”“金凤”品牌是上海期货交易所天然橡胶合约指定的交割品牌，享有良好的市场声誉；20号胶顺利入围上海国际能源交易中心首批注册交割品牌，是云南省同行业首家入围企业；纳米白炭黑复合母胶有效填补了国内绿色轮胎应用的空白；高性能轮胎胶所制成的国产航空轮胎首飞成功；多家全资控股企业获得省级重点龙头企业等荣誉，多人被评选为国家级、省级劳模。云胶集团成功打造了产业扶贫“江城模式”，稳步拓展境外罂粟替代种植，成立了“云南省天然橡胶加工工程技术研究中心”。此外，云胶集团还入选云南省产业发展“双百”工程重点培育企业和“绿色食品牌”企业。

2.4.2.1 云胶集团主要产品介绍

NK9710轮胎专用胶，主要由墨江片区胶园自然凝胶绉片并经过晾放处理后批量生产而成。该产品理化指标稳定，品质优异，可以直接作为高端子午线轮胎专用原料使用。

高氨浓缩胶乳（CNR）是以天然橡胶为原料，经离心加工获取的高浓度产品。该产品具有优异的成膜性能、湿凝胶强、回弹性、高强度、伸长率大以及易于硫化等综合性能。该产品广泛用于浸渍、海绵、胶粘等多种制品，如水鞋、松紧带、医疗手套、安全套等。

SCR10（10号标准胶）的主要生产原料为碗底胶和泥杂胶，颜色无规定，无异味，六项理化性能指标合格，具有良好的物理机械性能、拉伸强度较高、综合性能较好、密炼性能较好等特点，是干搅法生产20号轮胎专用胶和9710使用的主要原料之一，适用于轮胎内外胎、输送带、胶板、胶管、密封件、胶鞋、防冲垫、挤压模型结合部等各种工业、农业、建筑业和生活橡胶制品的生产。

SCR5（5号标准胶）主要生产原料为绉片胶、凝团胶，颜色无规定，无异味，各项理化指标优于10号标胶，具有非常好的强度性能，密炼和挤压性能好，适用于内胎结合部分，是干搅法生产9710轮胎专用胶高端配方原料或直接作为轮胎胶使用，适用于要求弹性好、强度高、耐磨的橡胶制品，如各种轮胎、汽车小配件、振动垫、桥梁垫、防护胶垫，以及工业上用的运输带、传动带、密封圈等。

SCRWF（全乳标准胶）主要生产原料为鲜胶乳和小胶站鲜胶绉片，用甲酸凝固脱水后生产出来的天然橡胶产品，颜色呈鲜黄色，无异味，六项理化性能指标合格，具有很强的弹性，良好的绝缘性、可塑性、隔水隔气，以及抗拉和耐磨等特点。广泛地运用于工业、农业、国防、交通、运输、机械制造、医药卫生领域和日常生活等，如交通运输上用的客车轮胎、载重轮胎、子午线轮胎、汽车小配件、振动垫、桥梁垫、防护胶垫，工业上用的运输带、传动带、密封圈，日常生活中用的胶鞋，国防上使用的飞机、大炮、坦克等的橡胶零部件。

2.4.2.2　云胶集团全资子公司简介

（1）云南天然橡胶产业集团西双版纳景阳有限公司

云南天然橡胶产业集团西双版纳景阳有限公司（以下简称云胶景阳公司）是云南农垦集团的全资子公司，于2010年12月16日正式挂牌成立。公司资产总额9.8亿元，下辖27座制胶厂，其中景洪市14座、勐腊县10座、勐海县2座、临沧市1座，产品种类有SCRWF（全乳胶）、SCR5、SCR10、SCR20、TSR9710（子午线轮胎专用胶）、TSR20、浓缩乳胶，是集天然橡胶加工、销售、研发于一体的农业产业化龙头企业。

（2）云南天然橡胶产业集团红河云象有限公司

云南天然橡胶产业集团红河云象有限公司（以下简称云胶红河云象公司）成立于2011年，注册资本为5000万元人民币，位于中国（云南）自由贸易试验区红河片区河口县坝洒曼峨村河口制胶厂。由云胶红河云象公司投资的云南天然橡胶产业集团金平有限公司成立于2011年9月，注册资本为500万元人民币，位于云南省红河州金平县勐拉乡农场场部，年产1.5万吨的智能特种胶，是红河州最大的湿法生产橡胶加工厂。

（3）云南农垦云橡投资有限公司

云南农垦云橡投资有限公司，是云南农垦集团全资控股的海外投资平台，注册资本2.047亿元，是集天然橡胶投资、种植、加工、贸易、科研、咨询及培训于一体的大型国有跨国农业企业。截至2015年，在老挝境内完成投资2.822亿元，资产总额近4亿元。公司现有从业人员10000多人，拥有独立法人企业7户。按照海外发展战略要求，截止到2022年，公司在老挝、缅甸、柬埔寨等区域实现发展橡胶资源10.6万亩、掌控200万亩、产能6万吨、销售收入10亿元。同时，公司着力构建以天然橡胶为主的多物种、多层次和良性非生物环境的复合生态系统，欲再造一个境外云南农垦。

（4）云南天然橡胶产业集团西盟有限公司

云南天然橡胶产业集团西盟有限公司（前身是2004年成立的云南天然橡胶产业股份有限公司西盟分公司，于2011年4月成立，为云南农垦集团旗下全资子公司），是云南农垦集团于2002年1月6日收并西盟县橡胶公司而成立的一个采取“公司+基地+农户+市场”的模式发展，以橡胶种植和初加工为主营业的市级农业产业化重点龙头企业，2018年3月经整合整体并入云南天然橡胶产业集团有限公司。公司现有橡胶种植面积11.18万亩，胶园分布于西盟县南康河和南锡河流域的力所乡、岳宋乡、中科镇、勐梭镇、翁嘎科乡行政区域内海拔680~1150米的狭长河谷地带。公司下设本部、制胶厂和生产队，截至2023年底，公司拥有管理人员204人，制胶工15人，生产队25个，承包户2882户，其中西盟县本地少数民族职工、承包人占95%以上。

（5）云南天然橡胶产业集团江城有限公司

云南天然橡胶产业集团江城有限公司成立于1996年2月28日，隶属云南农垦集团、云南天然橡胶产业集团，位于江城县曲水镇境内，是一个以天然橡胶种植、加工为主的国家二级企业，是云南省农产品加工龙头企业，目前是全国规模较大的集种植、生产、加工、销售于一体的国有天然橡胶基地。公司现有总资产5.1亿元，有橡胶种植总面积12.31万亩，橡胶管理岗位2736个；有总户数3408户，总人口10546人，从业人员5739人。公司下辖墨江橡胶有限公司、3个制胶厂和32个生产队，32个生产队分布于江城县1镇1乡10个村委会52个自然村118个居民点；辐射江城县内个体橡胶33万亩，辐射墨江县14个乡镇43个自然村个体胶30万亩；拥有乳标胶和凝标胶加工两条橡胶原料生产线，年产能2万吨，主要加工生产“云象牌”SCRWF、SCR5和SCR10标准胶，以及东方曙光2号特种胶。自成立以来，公司始终坚持“同开垦、同戍边、同发展、同受益”的“四同”原则，成功打造出“公司+基地+农户+示范+市场”的“江城模式”。

2019年，公司与广西曙光院达成合作，成功研发出了TSRWF东方曙光2号高性能航空轮胎胶，产品经过测试，各项指标均达国际先进水平。2020年11月，公司生产的高性能轮胎胶制成的国产航空轮胎在山东东营胜利机场首飞成功，至此打破国外的航空轮胎垄断，真正生产出Made in China的航空轮胎，促使国产航空轮胎“卡脖子”难题实现重大突破，标志着国产天然橡胶产业迈向高质量发展的新征程。

2.4.2.3　云胶经验

（1）突破生产经营瓶颈

①云胶集团以科技创新推动产业智慧化、智能化发展，节约了人力成本，提升了橡胶产业综合效益。

2020年，“云南天然橡胶产业链技术创新与产业化应用研究”项目通过省科技厅验收。2021年，“云南天然橡胶产业集团江城有限公司天然橡胶标准化抚育技术示范”项目完成验收。2022年，“老挝橡胶产业研究院橡胶及农产品检验检疫平台建设（一期）科技项目”完成验收。

境内云南省天然橡胶加工工程技术研究中心于2020年6月顺利通过省科技厅考核验收。境外老挝橡胶割胶技术示范基地成立于2021年，与中国热带农业科学院橡胶研究所联合，对老挝天然橡胶资源分布、割胶现状等方面开展资源现状摸底与调研，并加强橡胶产业科技人才培训合作。境外中老跨境现代农林科技培训中心定期组织室内和室外橡胶种植、抚管、病虫害防治技术等相关农林业技术培训工作，平台已通过验收。

②云胶集团加快加工厂设施设备、工艺技术、生产管理和产品质量改造与提升。

2019 年，环保烟片胶的研究与开发在云胶景阳公司开展，并联合昆明理工大学开发了微波凝固干燥一体化工艺，采用微波与热风分部组合干燥的方式，试验产品的性能总体超过了《天然生胶烟胶片、白绉胶片和浅色绉胶片》（GBT 8089－2007）中的性能指标。2021 年，生物基高性能橡胶的研究与开发，在云胶景阳公司、云胶墨江公司开展产品中试生产，并送往中国科学院长春应化所、轮胎终端生产企业进行性能测试。此外，云胶景阳公司完成生物基高性能橡胶产品生产操作规程，生产技术中心牵头完成产品企业标准的编制。

（2）提高资源利用效率

过去，由于不具备深加工技术，处于产业上游的橡胶加工企业只生产纯橡胶制品，以初级原料供应给产业下游的轮胎生产企业。为补齐这一行业短板，云胶集团发挥自身资源优势，全面建立合作关系，实现优势互补，合作共赢，打造出高性能、高品质、高附加值的橡胶产品。

曙光 2 号 TSRWF 是云胶江城公司与中国化工集团曙光橡胶工业研究设计院有限公司共同研发生产的高性能轮胎胶，在云胶江城公司挂牌成立“空军航空橡胶科技生产中心江城生产基地”，拥有固定生产线，采用标准胶全乳胶生产工艺，2020—2022 年试验生产 1700 余吨。

云胶集团与北京化工大学、昆明理工大学、青岛科技大学、中国天然橡胶协会、中国科学院长春应化所、云南省热带作物科学研究所、西双版纳州质量技术监督综合检测中心（中国国家橡胶及乳胶制品质量监督检验中心）、中国化工集团曙光橡胶工业研究设计院有限公司等保持长期良好的合作关系。

（3）促进质量提档升级

2016 年下半年，“万吨级白炭黑/天然橡胶纳米复合母胶生产技术开发”项目在云南地区正式开展研究和试生产工作。2018 年下半年，云胶集团向风神轮胎提供 10 吨白炭黑母胶，进行大配合实验；风神轮胎使用后给予较高评价。目前，通过三方机构科技成果评价，“白炭黑/天然橡胶纳米复合母胶”整体技术达到国内领先水平。

云胶集团质量提档升级呈现新图景：云胶景阳公司被认定为国家高新技术企业、省级专精特新“小巨人”企业；云胶墨江公司、云胶孟连公司、云胶西盟公司获得省科技厅科技型中小企业认定；复合湿法混炼母胶实现不同份数新产品三个、新型加工工艺开发一种；恒黏天然橡胶实现新产品研发三个、加工工艺开发两种；环氧化天然橡胶新产品实现不同环氧度天然橡胶新产品研发两个；生物基高性能橡胶实现新产品的研发一种。

此外，20 号胶顺利入围上海国际能源交易中心首批注册交割品牌，是云南省同行业首家入围企业；纳米白炭黑复合母胶有效填补了国内绿色轮胎应用空白；高性能轮胎胶所制的国产航空轮胎首飞成功。

（4）产品抓源头，项目抓技改

2021 年，云胶集团主要完成云胶江城公司和云胶西盟公司天然橡胶基地建设项目，使胶园道路硬化率、通达率和储胶设施覆盖率达到90%。年产 1.5 万吨的金平智能特种胶加工厂，是红河州最大的湿法生产橡胶加工厂，有效带动了周边经济发展和社会就业。目前，西双版纳天然橡胶绿色智能物流综合园建设、东风第三制胶厂天然乳胶绿色智能深加工（一期）建设、老挝万象新河年产6 万吨水洗 20 号胶加工厂建设等重大项目正稳步推进。

2.4.3　云南省天然橡胶典型企业简况及其经验总结

（1）西双版纳合盛橡胶科技有限公司

西双版纳中化橡胶有限公司是由中国中化集团公司下属的上市公司中化国际（控股）股份有限公司（以下简称中化国际，上证 A 股，600500）控股，集橡胶种植、加工、销售、研发等于一体的大型国有企业。公司成立于 2005 年 8 月，注册资金 9000 万元人民币，实际投资 2 亿元人民币，目前在西双版纳拥有 6 个橡胶加工厂，主要分布在景洪、勐龙、曼汤、东风、曼么、勐腊等地，其中景洪胶厂是一个年产 4.5 万吨的大型现代化橡胶加工厂。公司拥有 5 个橡胶种植基地，橡胶种植面积达 6000 余亩。公司主要以生产附加值高、深受市场欢迎的

TSR产品为主，以生产SCR产品为辅，其所属景洪胶厂年生产干胶能力为4万吨，占地面积210亩，主要生产高品质的全钢子午线轮胎专用橡胶，是目前国内最大、工艺最先进的天然橡胶加工厂。

（2）西双版纳曼列橡胶有限公司

西双版纳曼列橡胶有限公司（以下简称“曼列橡胶”）成立于2013年5月6日，注册资本为13000万元人民币。企业位于云南省西双版纳州景洪市勐罕镇曼列村，是生产规模在2万吨以上的加工企业，采取以初加工为主导，以一、三产业融合为基础，以工、农、贸一体化为手段，以信息技术、工业技术、管理技术深度融合为途径的创新发展模式。2021年，企业营业收入达7.23亿元。

随着中国经济体制改革的深入，1996年属乡镇集体的曼列胶厂诞生。胶厂的成立打破了曼列村传统的乡村产业结构，打开了商品经济的大门和农民脱贫致富的通道，打通了传统农业与工业连接的渠道。曼列胶厂依托曼列村橡胶产业的原始资源积累，将收购的村民的鲜胶乳或生胶片等原料加工成标准胶，以达到发展集体经济的目的。建厂之初，曼列胶厂年产干胶200多吨。1996—2001年，曼列胶厂年均销售收入均未突破300万元，且有5年处于亏损的边缘，使得企业投资贷款的偿还压力增大。2002年初，曼列胶厂改制为民营企业，2010年注册“曼列”商标，2017年“曼列”牌全乳胶（SCRWF）在上海期货交易所注册成功，成为国内首家进入上海期货交易的民营企业。

曼列胶很好地整合了农村一、二、三产业各链条的资源，使各要素在相互碰撞、相互影响中产生了微妙的融合效应，形成了特有的“曼列模式”。

①创新链+资源链=高质的产业链。“曼列模式”采取的是以初加工为主导，以一、三产业融合为基础，以工、农、贸一体化为手段，以产业与乡村协调发展为目标，以信息技术、工业技术、管理技术深度融合为途径的创新发展模式。曼列橡胶从年产300吨干胶的小厂发展为拥有2万吨以上加工规模的企业，建立了标准化生产和质量管理体系，使年均销售额从不足300万元增长到3亿元以上，翻了将近100倍，辐射带动1.24万农民增收1.8亿元。

②订单农业是曼列橡胶原料供应的保障。针对上游供应商，曼列橡胶采取“龙头企业+农户订单+分红”模式，与种植企业、专业大户、原料收购商或村

庄签订协议，通过技术指导、物料发放、分批加工、分级结算、按时结清、年终分红等方式，保障了75%左右的加工原料来源，从源头上把控原料品质。同时，曼列橡胶加工厂还配备了检测室，以方便原料供应商对初级产品进行等级申诉，保障原料供应者利益的最大化。受各种主客观因素影响，国产天然橡胶在质量一致性方面有一定的争议，但曼列橡胶却巧妙地避开了这一"控诉"。相反，"曼列"的每一块标准胶都有自己的"名片"，出厂的产品全部采用条形码管理，建有完善的质量追溯体系。良性互动的利益衔接机制、通畅的上下游对接渠道、高标准的质量控制，是曼列橡胶实现全产业链融合发展的关键所在。

③曼列橡胶向来重视人才、关爱人才、培养人才。曼列橡胶鼓励一线员工在保障生产安全和产品质量的基础上大胆尝试、勇于创新，因此收获了来自生产一线的包括污水处理、节能减排、低碳环保、包装运输等领域的13项国家发明专利。同时，曼列橡胶注重新技术、新工艺的研发投入和技术合作，联合山东中矿橡塑集团、青岛科技大学等单位构建了产学研深度融合的技术创新系统，并在"1401液湘纳米橡胶"、胶乳凝固新技术等方面取得了重要进展，扩大了橡胶产业价值链，实现了以产带研、以研促产的良性循环和科技创新与产业发展的深度融合。

（3）云南田野橡胶集团有限公司

云南田野橡胶集团有限公司，注册资本3000万元人民币，是一家集种植、加工、内外贸易于一体的多元化的综合型企业，主要产品有望天树系列、航空飞机、舰载机轮胎专用胶、水洗烟胶等，是西双版纳州首家销售收入突破10亿元的橡胶民营企业，获得"国家高新技术企业""国家专精特新小巨人企业""云南省重点龙头企业""云南省专精特新小巨人企业""云南省农产品深加工科技型企业"等荣誉。值得一提的是，该企业已经连续7年入选"云南省非公企业100强"。2013年，与西双版纳橡胶行业商会一同组建了西双版纳州天然橡胶产业联盟。如今，田野橡胶集团已成为西双版纳州年产量上万吨的民营橡胶企业，年产量达15万吨，是目前国内单体产能最大的橡胶加工厂。近年来，为不断延伸产业链，持续高质量发展，该公司发展成云南最大的集橡胶种植、加工、外贸、仓储、物流、金融、交易为一体的橡胶综合性产业公司，与中国科学院西双版纳热带植物园、中国热带农业科学院、云南省热带作物科学研究所、云南农业大学热带作物学院、西南林业大学高分子材料学院等科研院所进行产学研合作，发挥各方优势，助力橡胶全产业链发展。

一是与中国科学院西双版纳热带植物园合作，推进橡胶与大叶千斤拔、萝芙木、肉桂等树木共同种植模式，创建环境友好型橡胶园实验示范基地。同时，推行天然橡胶“干季割胶”模式，延长割胶时间。以前割橡胶是在 11 月至来年的 3 月，通过技术保障，现改为每年雨季的两个月停割，既提高了橡胶年产产量，也因错开雨季，增加了胶农经济收入。同时，在橡胶林下尝试套种鸡纵、咖啡、可可、瓷玫瑰等经济作物。其多个产品直接或间接销往米其林轮胎、固特异轮胎、佳通轮胎等知名轮胎企业。二是专注高尖端的开发，与广西曙光橡胶工业研究设计院合作，共同开发和生产航母舰载机轮胎及民用飞机轮胎专用胶，于 2020 年 6 月正式进入产品研发环节。该产品现已研发成功，并成功向市场推广。该项目的实施填补了国产橡胶在国内军用橡胶方面的空白，走出了军用橡胶国产化的第一步。三是与中国热带农业科学院橡胶研究所合作，联合研发石墨烯橡胶、高性能特种橡胶。为彻底扭转仓储物流的短板，公司已建设仓储量为 4 万吨的天然橡胶现货交收库，这是西双版纳目前最大的现货仓储库。公司建设的“境外来料保税加工区”即将完成并进行审批，此举也将对西双版纳橡胶产业的发展产生示范性的作用。

（4）勐腊县天邦制胶有限责任公司

勐腊县天邦制胶有限责任公司成立于 2005 年 10 月，注册资本为 5000 万元人民币，设有企业技术中心 1 个，拥有 30 人的专业技术团队（其中国外专业技术人员 3 人，外聘国内专家教授 8 人），拥有 4000 亩的天然橡胶林试验基地，130 万亩的核心橡胶原料基地，通过 ISO9001 认证和 ISO14001 质量管理体系认证，被授予云南省中小型科技企业和西双版纳州农业产业化龙头企业称号。2022 年完成销售收入 2. 71 亿元，生产浓缩乳胶 3. 16 万吨，胶清胶 0. 17 万吨。公司后续计划开展天然乳胶特种新材料及制品科技研发产业化项目建设，现已完成投资 6000 万元。项目建成后，可形成 8 万吨浓缩乳胶的生产规模（其中 7 万吨特种专用浓缩乳胶，1 万吨预硫化浓缩乳胶），还将形成 8000 吨胶清胶，5 万吨高弹性乳胶丝，18 万张乳胶床垫，1500 万个乳胶枕头，5. 7 万吨轮胎胶的生产规模。

第二篇

技术应用篇

3

国内外天然橡胶产业技术发展概述

3.1 国外天然橡胶产业技术

3.1.1 国外天然橡胶产业技术发展现状

3.1.1.1 橡胶树种质资源评价

（1）橡胶树种质资源收集、保存与评价利用

1876年，魏克汉（Wickham）将橡胶树从巴西引种到英国邱园，后橡胶树传入斯里兰卡、马来西亚、印度尼西亚，现已分布于亚洲、非洲、南美洲和大洋洲的40多个国家和地区。作为橡胶树的原产地，巴西拥有最丰富的种质资源。与此同时，马来西亚、印度尼西亚、法国、印度也保存着Wickham种质资源。

为了丰富橡胶树的基因库，1981年由国际橡胶研究和发展委员会（IRRDB）牵头，包括中国在内的八个国家参与，组成了一支跨国的橡胶树种质资源联合探险考察队，深入亚马孙河上游采集野生橡胶树种质，即1981'IRRDB种质。目前，马来西亚保存有9600余份1981'IRRDB野生种质，还有橡胶属其他种的少量种质及培育的初生代、次生代Wickham种质；印度尼西亚保存有7700余份1981'IRRDB种质；法国保存有2800余份1981'IRRDB种质；印度保存有4548份从马来西亚国际种质中心引回的1981'RRDB种质。

（2）橡胶树新种质创制

橡胶树抗寒、抗风、抗旱等抗逆能力的强弱和产量的高低主要取决于种质自

身的遗传特性，而种质资源是基因的载体，因此，橡胶树的种质资源是橡胶树品种遗传改良的重要基础。目前，生产上推广种植的橡胶树品种，大多来源于1876年魏克汉引种的原始巴西橡胶实生树。长期近亲杂交育种会造成遗传基因狭窄，使选育的新品种增产幅度、抗逆性能达不到更高的目标，它可能成为全球橡胶种植国未来面临的共同挑战。因此，通过科学方法创制橡胶树新种质，培育具有新特性或改良特性的新品种，是一个极具应用前景的研究方向。

种质创制，指通过科学的手段，对植物、动物等生物进行杂交、突变、转化等，创造出具有新特性或改良特性的新品种。随着生物技术的发展，国外关于橡胶树基因转化的研究取得了一定的成果。例如，马来西亚的 Arokiaraj 等以花药致密胚性愈伤组织为受体，首次成功建立农杆菌介导的橡胶树遗传转化体系；法国的 Leclercq 等人利用橡胶树无性系 PB260 建立了一种有效的使用重组绿色荧光蛋白（GFP）的遗传转化方法；Arokiaraj 等和 Jayashree 等均以花药致密胚性愈伤组织为受体，分别获得 102 株转人血清白蛋白基因（HSA）植株和 3 株转抗死皮的橡胶树超氧化物歧化酶基因（Hb SOD）植株。目前，所有报道的转基因植株均源自 PB260 无性系，未见其他无性系的转基因报道。

（3）橡胶树关键基因挖掘

橡胶树的生长性状和遗传特性是由基因决定的。随着分子生物学技术的发展，挖掘橡胶树高产、高抗等优异基因，然后通过育种研究和基因组研究的紧密结合，可以有效地利用橡胶树的优异种质资源。

在早期的研究中，科研人员主要进行与橡胶树胶乳代谢有关的基因克隆。美国学者和韩国学者分别于 1989 年和 1999 年在橡胶树中克隆了在橡胶生物合成中起重要作用的 REF 基因和 SPRR 基因，随后日本科学家从胶乳中分离并鉴定了可显著延长橡胶分子链长度的转移酶基因 HRT2。后来，研究者们开始挖掘与橡胶树抗性有关的基因。例如，与橡胶树抗寒性相关的 HbCBF1、HbSNP12、HbCAT2、HbICE2 基因，与抗旱性相关的 HbDAHPS 基因，与抗白粉病相关的 HbSGT、HbRPW8、HbMol、HbGNOM 和 HbFER 等基因。

近年来，随着橡胶树基因组序列的公布及组学技术的发展，对橡胶树抗性、产量相关基因的挖掘工作取得了显著进展。研究者们已从转录组、代谢组及全基因组中挖掘到了和橡胶树抗性、产量相关的基因，并解析了调控橡胶树抗寒性的关键通路及关键基因。

3.1.1.2 橡胶树新品种选育与良种繁育方法

（1）橡胶树新品种选育

1876 年，魏克汉从巴西采集了橡胶树种子，引种至英国后又传至马来西亚、印度尼西亚等国，自此橡胶树开始了从野生到商业化栽培的阶段，这是天然橡胶产业发展的里程碑。良种是高产的基础，橡胶树选育种工作是天然橡胶产业发展的基础和关键。1930 年以前种植的橡胶树为未经选择的实生树，干胶产量低，仅为 400 千克/公顷。1930 年以后，几个主要橡胶种植国家开展了橡胶树的新品种选育种工作，从最开始的实生树选种发展到人工杂交育种。从实生树中选出的高产优良品种有 PR107、GT1、GI1 等，其干胶产量达到 1050 ~ 1200 千克/公顷，比未选择的实生树产量提高 1 ~ 2 倍；人工杂交育种选育的优良品种有马来西亚的 RRIM 系列、印度尼西亚的 PR 系列、印度的 PRII 系列等。经过几十年的努力，如今培育出了单产最高达 2500 千克/公顷的高产品种。

马来西亚在橡胶选育种方面一直保持世界领先水平，前期主要培育高产量、高抗逆性（如抗风、抗南美叶疫病）的品种，20 世纪 70 年代以后育种目标改以胶木兼优品种为主，如 RRIM928、RRIM929；1998 年，马来西亚又公布了 22 个胶木兼优新品种。泰国是世界最大的天然橡胶生产国，其主要培育 RRIT 系列高产品种。同时，泰国研究者针对不同类型橡胶树种植区，按照种植规模进行品种推荐，并释放了 RRIV206 等一系列新品种。印度尼西亚也是主要的产胶国，其主要培育 PR 系列优良品种，所培育的 GT1、PR107 等品种在我国云南省植胶区有良好表现。近些年，印度尼西亚研究者选育出了年产量超过 3000 千克/公顷、一个生长周期木材产量超过 300 立方米/公顷的优良无性系。

（2）橡胶树分子育种技术研究

分子育种作为一种新的育种技术体系，将作物表型和基因型结合起来进行选择，实现了优良性状基因的定向聚合，可以缩短选育种周期，提高育种效率。目前，分子标记辅助橡胶树选育种成为技术发展趋势之一。法国 Bease 等应用不同的 rDNA 探针对 73 个 Wickham 种质和 95 个野生种质进行分析，发现 Wickham 种质表现出较高的多样性，但低于野生种质；不同的种质间存在两种类型的变异——基因间长度的变异和酶切位的变异，在总的群体中共发现 12 种基因间长度的变异和两种酶切位点的变异引起的 rDNA 单元；在对 92 个野生种质和 72 个 Wickham 种质的分析中，31 个探针与内切酶的组合共产生 124 个多态性 RFLP 标记。Bease 等用小卫星探针 33.6 和 33.15 对前面研究的 73 个 Wickham 种质作了进一步研究，结果所选的 73 个种质可逐个被区分开，而且同一品种内不同植株的 DNA 指纹完全相同。

橡胶树的第一张遗传图谱是由法国国际农业研究与发展中心（CIRAD）Lespinasse 等构建的，他们以橡胶树品种 PB260 × RO38 的 106 株 F1 树群为对象，应用 RFLP、AFLP、SSR 等技术，采样双向拟测交的方法构建了橡胶树的遗传图谱；对橡胶树品种 PB260、种间杂种 RO38 及它们的 195 株 F1 个体进行了监测抗南美叶疫病的 QTL 定位，结果在 PB260 中找到 1 个抗性 QTL，在 RO38 中找到 8 个抗性 QTL，发现 F1 个体不仅遗传了亲本的抗性，而且产生了两个新的抗性。

马来西亚橡胶研究院、印度橡胶研究院都有橡胶树遗传转化体系建立成功的报道，这些工作为更好地克隆相关基因以及辅助分子标记进行育种的选择工作奠定了坚实的基础。

（3）橡胶树种植材料的繁殖技术

在橡胶树人工栽培 100 多年的历史中，生产上最早使用的橡胶树种植材料是实生苗。实生苗是直接用橡胶种子播种而繁殖的植株，具有生长快、经济寿命长、抗逆性强等优点，缺点是平均产量低、株间差异大（产量、生势和抗性等方面）、不能保持母本优良性状，目前这种种植材料已基本被淘汰。继实生苗之后的第 2 代种植材料是芽接苗，也是目前生产上使用最多的种植材料。橡胶芽接苗是从橡胶树取接穗，通过芽接而获得的种植材料，称为老态芽接无性系（简称老态无性系，又称老态芽接树）。芽接苗继承了接穗母株的遗传背景，减少了株间产量差异，大幅度提高了产量，但其生长慢、抗逆性差、经济寿命短，而且产量常常受到未加选择的砧木的影响。

为了找到一种生长快、适应性强、产量高的橡胶树种植材料，从 20 世纪六七十年代开始，全球范围内的橡胶育种专家们不约而同地开始了探索。随着组培技术的提高，育种专家们研究出新型的种植材料——幼态芽接无性系和自根幼态无性系，并逐渐在生产上使用。幼态芽接无性系是从花药等体细胞植株取芽条进行芽接繁殖的无性系，其生长速度和干胶产量介于老态无性系和自根幼态无性系之间，在自根幼态无性系种植材料还不能满足大面积生产需要之前，宜推广应用幼态芽接无性系。自根幼态无性系（又叫组培苗或体胚苗）是20世纪70年代末培育的新型种植材料，指在花药或内珠被等获得的二倍体细胞试管植株，在培养过程中经过脱分化和再分化过程发育而来，具有幼态性状，生长快，抗逆性强，平均产量高。

马来西亚橡胶研究院是最早开展橡胶树组织培养技术研究的机构。Chua等用橡胶树幼苗的胚芽组织进行离体培养，获得了愈伤组织。Satchuthananthavale进行了花药培养，获得了来自花药壁的二倍体愈伤组织，从而获得了花药多细胞球。马来西亚橡胶研究院于1973年被报道成功诱导花药植株，直至1986年才移栽成活1株，1993年植株诱导率为4.3%，这是诱导率最好的一个报道。在自根无性系繁殖方面，法国在利用内珠被诱导体胚发生方面取得较大的研究进展，1980年尝试对内珠被进行离体培养，1985年诱导出紧致愈伤组织，经体胚发生途径再生植株，紧致愈伤组织不能长期继代；1993年，Montoro等从内珠被诱导出易碎胚性愈伤组织，该类愈伤组织可以长期继代增殖并保持胚性，长期继代的胚性愈伤组织可经体胚发生途径再生植株。

橡胶树自根幼态无性系苗木集中了实生苗和芽接苗的优点，具有生长快、产量高、茎干圆锥度大的特点，而且克服了芽接苗中砧木的影响，推广种植价值高。随着橡胶自根幼态无性系培育技术的不断完善，橡胶自根幼态无性系将成为继实生苗和老态无性系后的新一代种植材料。目前，获得橡胶组培苗主要依靠3种再生体系：通过花药或内珠被培养并经初级体胚发生再生植株，通过花药或内珠被经持续体胚发生再生植株，通过次生体胚发生再生植株。花药培养将成为橡胶幼态种植培育的重要手段。

3.1.1.3 橡胶树栽培技术

（1）橡胶树营养诊断与专用配方肥开发

橡胶树的营养诊断指导施肥技术，是将橡胶树的矿质营养原理运用于施肥措施上，运用营养诊断及早发现所亏缺的营养元素，及时补充肥料，保证橡胶树快速生长，增加胶乳产量和提高品质，使橡胶树的施肥科学化、合理化和标准化。

早在19世纪40年代，国外就开始了橡胶树营养诊断方面的研究，19世纪60年代马来西亚学者V. M. Srrocks提出了橡胶树叶片营养诊断临界值，并结合土系、土壤和叶片养分含量、土地现状和施肥历史等特点进行联合诊断施肥。Bolle Jones在马来西亚研究缺乏氮、磷、钾、镁、锰、锌等营养元素对橡胶树生长的影响和它们的缺素症状。Shorrocks又系统地开展了橡胶树叶片诊断的研究，证明树冠下层荫蔽叶片可准确地反映橡胶树的营养状况，并拟定了叶片养分含量的临界指标。Kalam等研究了肥料与橡胶无性系生长及叶片养分含量的关系。Pushparajah则进一步考虑到无性系的差异，就不同无性系群组的不同营养元素提出一系列数据。斯里兰卡结合胶园土地肥力进行叶片营养诊断施肥，并综合考虑树龄与肥料因素。目前，大部分国家如马来西亚、斯里兰卡、泰国和印度均采用叶片营养诊断指导施肥技术，部分国家推广使用橡胶专用肥。

（2）橡胶树病虫害防治技术

橡胶树病虫害种类繁多，据统计，病害有117种，与橡胶树有关的微生物有200多种，主要病害有橡胶树白粉病、南美叶疫病、死皮病、根病、割面条溃疡病等，虫害主要有蚧壳虫、叶螨、小蠹虫等。不同橡胶树种植区域，其主要病虫害的种类不同，如炭疽病在中国严重为害，东南亚国家则轻度为害，南美叶疫病则局限于南美地区。白粉病则是世界橡胶树种植区重要的叶部病害之一，自1918年在印度尼西亚爪哇首次发现以来，迄今已遍布亚洲及非洲各植胶区。目前，对橡胶树白粉病的防治以化学防治为主，其中硫磺粉和粉锈宁是首选药剂。但硫磺粉黏着性较差，不耐雨水冲刷，生产成本较高，加工、运输、贮存等都有些困难，且对人的眼睛和皮肤有刺激作用，故有必要开发其他更好的橡胶树白粉病防治剂。

国外对于橡胶树病虫害的研究，主要集中于各植胶国家的天然橡胶科研机构，如马来西亚橡胶研究院、泰国曼谷橡胶研究中心、印度尼西亚橡胶研究所、科特迪瓦橡胶研究所等；研究重点有病虫害种类鉴定、高效低毒农药研发、重要病虫害防治新技术及主要病虫害病原菌的分子生物学研究等方面，且已研发出一些比较成熟的防治技术。

3.1.1.4　橡胶树采胶新方法研究情况

（1）割胶生理诊断

橡胶树的胶乳是一种特殊的细胞质，测定割胶树胶乳的一些与产胶和排胶相关的生理参数，被称为胶乳诊断。通过割胶生理诊断，可以了解橡胶树排胶影响面范围内乳管的生理状况，为制定最适的采胶方案（割胶制度、乙烯利刺激强度等）提供科学依据。国际上最初确定了10多种生理参数用作判断割胶强度是否合理的指标，通过实践和研究简化成六项生理参数，目前的国际主流是进一步简化成测定胶乳蔗糖、无机磷、硫醇和干胶含量四项生理参数作为胶乳生理诊断标准，并用来指导割胶生产。法国米其林公司将法国国际农业发展与研究中心的研究成果应用在科特迪瓦、巴西等橡胶种植园，根据总固形物（TSC）、蔗糖（Sucrose）、硫醇（R－SH）、无机磷（Pi）等四项生理指标建立胶乳生理诊断参数数据库，通过四者生理信息相互关系，确定刺激割胶浓度，监控割胶强度，建立起刺激割胶评价体系，用以指导当地的割胶生产。

（2）橡胶树割胶新模式

割胶是通过割断橡胶树皮中的乳管而使胶乳流出，割线越短胶乳排胶的时间就越短，割线长则排胶时间长。国际上通常把割线长度为5厘米或5厘米以下的割胶方式定义为微割。采用高效化学刺激剂就可以通过延长排胶时间使短割线达到高产稳产的目标。微割法作为采胶技术的生产性应用效果良好。马来西亚橡胶研究院利用RRIMFLOW结合微割（5厘米以下）和短线（s/8）割胶，获得的产量超过了s/2 d/2或s/4 d/2，显示了该技术诱人的应用前景。Chong和Sivakumaran等研究气刺微割技术，即通过注气刺激结合扩大树位可以获得最大产量（尤其是老树）。采用气刺微割技术，胶乳中多酚氧化酶活性、脯氨酸水平、破裂指数和类胡萝卜素含量较高，而转化酶活性、C－乳清pH和总固形物含量较低，这些生理参数都是对微割采胶技术比较有利的内部影响因子。早期资料的经济分析表明，尽管注气刺激割胶技术目前的成本较高，但单位面积的利润还是很大的。艾哈迈德等发明了一种捆绑式全自动智能割胶机，基于固定架与导轨搭建作为割胶机的移动平台，但其使用成本远超过橡胶的收益，因而未能在生产上大面积推广运用。

3.1.1.5 天然橡胶加工技术

（1）天然橡胶初产品加工

国外天然橡胶生产大国如马来西亚、泰国等，普遍用自然凝固的凝块生产10号、20号及子午线轮胎专用胶，烟片胶基本采用乙酸凝固的方式。印度尼西亚将橡胶木烧制木炭时得到的烟油用于胶乳的凝固，可使干胶含量从44.45%提高到51.38%，使PRI从55.8提高到69.5。近些年，国外对天然橡胶新产品开发的研究较少。日本开发出低异味天然橡胶和超纯天然橡胶，其他国家则主要集中于天然橡胶复合材料的研究，如天然橡胶/聚乙烯、天然橡胶/氯丁橡胶或丁二烯橡胶等。在天然橡胶加工工艺方面，泰国采用微波技术干燥泰国标准天然橡胶（STR），印度尼西亚采用木醋液凝固天然胶乳。

（2）胶乳副产物综合高值化利用

天然胶乳是一种乳状水分散体，由约35%的橡胶烃粒子和65%的乳清组成。作为胶乳副产物的乳清，通常被当作高浓有机废水进行处理，既污染环境也增加了制胶厂的运营成本。国外学者对天然橡胶乳清开展了多种用途的利用研究，包括附加值较低但具备规模优势的液体肥、农作物灌溉、制备沼气、提取蛋白质等研究；在高值化利用研究上，近年来涌现出一批利用乳清开发化妆品及医学用途的研究，但不管是附加值较低的液体肥还是高附加值的化妆品、医药研究，目前的研究结果都停留于实验室阶段，没有一个产业真正建立起来，因而在实现天然橡胶乳清的产业化应用之前还需进行大量研究并建立应用示范。

3.1.2 国外天然橡胶产业存在的问题

目前橡胶树种植主要集中在东南亚地区，约占世界橡胶树种植面积的90%。全球橡胶树种植面积在2003—2007年、2010—2014年两个阶段有较大的增幅。除了2014年和2016年产量小幅下降、2020年受疫情和天气影响外，全球天然橡胶的产量总体上是稳步上升的。极速增加的橡胶种植带来的是产量的增长远大于下游需求的增长，供给产能过剩使得胶价近些年来持续低迷。长期的胶价低迷导致胶农割胶意愿不强，且现有的劳动力对园区疏于管理养护，使得橡胶树产量减少。对此，各国采取了不同的方法去应对，如泰国政府采用财政补贴、高价收购的方式补贴胶农。为了刺激胶农割胶的热情，大力补贴胶农，高价收购原料，提振原料价格，但是治标不治本。限制主产区产量和出口对胶价的提升具有直接的影响，但会影响橡胶主产国家的财政收入。

另外，未来一段时间内全球天然橡胶的供应量满足消费需求有余，但从长远来看，世界上适宜的植胶土地有限，随着社会的发展，天然橡胶的供需矛盾会翻转，未来天然橡胶的产量将不足以满足全球消费需求。为了缓解这一矛盾，进行技术创新以提高单位面积产量是未来的发展趋势。

3.2 中国天然橡胶产业技术

巴西橡胶树是天然橡胶主要来源，原产于巴西亚马孙流域热带丛林，适宜高温、高湿、静风的种植环境，主要集中于赤道南北纬10°以内的东南亚国家。国际专家历来认为北纬15°以北是植胶禁区。我国最早于1904年由云南省德宏州的刀安仁土司从新加坡引入橡胶树，种植于盈江县凤凰山东南坡（北纬24°5′、海拔960米）。新中国成立之前，我国的橡胶树种植零星分散，共有橡胶树106万株，年产干胶198吨。新中国成立之初，面临的国际形势十分严峻，党中央做出了英明决策：一定要建立自己的橡胶基地。我国科技人员经过几十年的艰苦奋斗，根据我国地理气候环境，发展了橡胶树热带北缘减灾栽培技术，使橡胶树突破世界传统植胶区北移种植成功，在我国海南、云南、广东等地大面积种植，创造了世界植胶史上引人注目的奇迹，使我国的橡胶种植从零星分散跻身世界植胶大国。目前，我国橡胶树种植面积有1800多万亩，年干胶产量达85万吨以上，为满足国防和经济建设需要做出了重大贡献。

3.2.1　中国天然橡胶产业技术发展现状

3.2.1.1　橡胶树种质资源评价

（1）橡胶树种质资源收集、保存与评价利用

在我国橡胶树育种的早期阶段，种质资源的积累主要依赖国外引进。1960年以后，中国热带农业科学院先后从国外引进了136个品种，筛选出一些高产品种在各地试种及推广种植。1981年，中国热带农业科学院的科研人员参加了国际橡胶研究和发展委员会组织的科考队，深入亚马孙流域考察和采集野生橡胶树种质资源（包括芽条及种子等），极大地丰富了我国橡胶树种质资源。

目前，我国的橡胶树种质资源主要保存在海南和云南，其中中国热带农业科学院在海南儋州保存有230余份Wickham种质和6041份1981'RRDB野生橡胶种质。云南省热带作物科学研究所在景洪保存了630份Wickham种质和3300余份1981'IRRDB野生种质，其中Wickham种质包括自育种质和在国内植胶区收集的优树种质。

中国热带农业科学院和云南省热带作物科学研究所都建有橡胶树种质资源圃，并对其保存的资源进行了鉴定和评价，包括生物学特性、形态特征、抗逆性、产胶特性等。此外，对部分种质资源的生长、产胶量、抗寒性、抗风性等性状进行了鉴定，筛选出多个具有优良性状的种质材料，为橡胶树的种质创新、新基因挖掘等研究奠定了坚实的基础。

随着检测手段的进步，国内橡胶树种质资源鉴定评价已由常规鉴定评价阶段上升到精准评价阶段，并在优异基因发掘、分子鉴定、标记开发、高密度遗传图谱构建等方面取得突破性进展。目前，利用SSR、ISSR、AFLP、EST－SSR、RAPD、SRAP、CAPS等分子标记技术，开展了橡胶树种质资源遗传多样性分析、指纹图谱构建、低密度遗传图谱构建等研究。

（2）橡胶树新种质创制

巴西橡胶树花药培养是其遗传改良的重要技术手段。中国热带农业科学院黄天带等以热研73397的花药愈伤组织为受体，成功建立了根癌农杆菌介导的橡胶树遗传转化体系，并鉴定出11株转基因植株；通过嫁接和次生体胚发生技术，

从 8 个转基因株系中获得了 681 株转基因植株。海南大学谭德冠等以海垦 2 的花药愈伤为受体，采用农杆菌介导法将胚胎发生基因 Baby Boom 转化橡胶树，成功实现了外源基因的导入。尽管转基因技术是遗传改良的重要技术手段，但在橡胶树的种质创制中仍处于初级研究阶段，尚未实现量产。

目前，人工杂交是创制新种质的有效途径。通过对杂交后代进行苗圃系比筛选，可以获得优异种质。同时，基于流式细胞检测技术，对 GT1 后代幼苗进行筛选，可以获得三倍体种质。自 2009 年以来，云南省热带作物科学研究所完成了包括 Wickham、1981'IRRDB 在内的杂交组合 18 个，并对其杂交后代的生长量、早期试割产量进行了评价，从中选出 200 余份优良实生单株嫁接后进行初级系比，10 份进行高级系比，7 份进行适应性区域试验。同时，开始注重实生树优树选种工作，从云南省植胶区筛选了高产、抗寒等性状优异的实生单株 30 余份。近年来，利用流式细胞检测技术筛选三倍体种质，到 2022 年已经筛选出三倍体植株 1200 余株。

（3）橡胶树关键基因挖掘

国内关于橡胶树关键基因挖掘工作开展较晚但发展较为迅速。近年来，随着测序成本的降低及组装技术的进步，橡胶树品种 RRIM600、GT1、BPM24 - 01 以及热研 73397 全基因组测序工作已完成，为调控橡胶树抗性、产量等性状的功能基因的挖掘提供了参考。

2010 年海南大学从橡胶树乳管细胞中克隆到 1 个蔗糖转运蛋白基因，该基因的表达量与胶乳产量显著正相关，并且可以被乙烯利显著上调表达，暗示该基因可能与乙烯利刺激增强乳管代谢能力相关，可共同参与乳管的蔗糖供给。2016 年，中国热带农业科学院公布了橡胶树无性系热研 73397 的基因组草图，随后从橡胶树乳管细胞中鉴定了茉莉酸信号通路 HbCOI1 - HbJAZ3 - HbMYC2。

2020 年，云南省热带作物科学研究所公布了橡胶树无性系 GT1 的基因组，结合了最新的 Hi - C 技术，首次将橡胶树的基因组组装到染色体水平，并揭示了大戟科植物基因组的染色体进化、胶乳生物合成与橡胶树的进化，该研究成果发表于国际权威期刊 *Molecular Plant*，被全球同行誉为“橡胶树由传统育种走向分子育种的里程碑事件”。此外，通过质体基因组测序、基因同源克隆、二代测序方法等，对橡胶树抗逆特性、橡胶树多倍体形成等重要生物学过程中的关键基因进行挖掘，得到主导橡胶树抗逆特性的 HbSOD 基因 11 个，并开展了上述基因的染色体定位。最近，云南省热带作物科学研究所筛选到可能与橡胶树云研77－4具有较高抗寒性有关的调控基因 6 个，这一结果为橡胶树抗寒性分子标记开发及研究奠定了理论基础。

3.2.1.2 橡胶树新品种选育与良种繁育方法

（1）橡胶树新品种选育

国内从 20 世纪 50 年代开始橡胶树选育种工作，目标主要以高产、抗风（海南、广东）、抗寒（广东、云南）育种为主。橡胶树选育种工作主要在中国热带农业科学院橡胶研究所和云南省热带作物科学研究所进行，分别培育热研系列和云研系列橡胶树新品种。目前，培育和推广最成功的品种是热研 73397、云研 77－2和云研 77－4 三个品种。热研 73397 是 RRIM600 和 PR107 杂交选育出的优良无性系，1995 年晋升为大规模推广品种，并获得国家科技进步奖三等奖。该品种由于具有速生、高产、抗性好等特点，近年在广东、海南等省推广面积达 2 万公顷以上。云研 77－2 和云研 77－4 是通过 GT1 和 PR107 隔离授粉选育出的抗寒高产橡胶树无性系。云研 77－2、云研 77－4 和 GT1 的抗寒性，在前哨抗寒系比区的五年平均寒害级别分别为 0.92、0.51 和 1.44，且两个新品种的抗寒性都比 GT1 强。云研 77－2、云研 77－4 的产量，在初级系比试验区开割头四年的平均产量分别为 1.88 千克/株/年和 2.09 千克/株/年，分别为 GT1 的 131.5% 和 146.2%；在高级系比试验区，11 割年的平均产量分别为 1932 千克/公顷/年和 1834 千克/公顷/年，分别为 GT1 的 144.3% 和 136.9%。最近几年，云南省热带作物科学研究所通过生产胶园选择优树育种的方法，育成三倍体抗寒无性系云研 272 和云研 314，二倍体无性系云研 614、云研 617 等，并进行区域性试验。

（2）橡胶树分子育种技术研究

我国在橡胶树分子育种技术方面的研究晚于国外，但发展较快，目前已进行了大量的工作。

在橡胶产量方面，姚庆收以 BSA 法和 RAPD 技术对橡胶树产量性状相关基因的连锁标记进行了初步研究，并取得了初步成果。和丽岗等利用橡胶树 Wickham 种质材料 GT1 与南美品种 IAN873 的人工杂交群体构建了国内首张橡胶树分子连锁遗传图谱，并首次对橡胶树的产量、生长量、胶乳干胶含量、蔗糖、无机磷和硫醇等数量性状位点进行了初步定位，为橡胶树分子标记辅助育种和功能基因克隆提供了新的方法。柳觐、毛常丽等通过 AFLP、QTL 等分子标记完成橡胶树遗传多样性分析、遗传图谱构建及产量性状定位。

在抗寒基因方面，吴绍华等发现 HbMKK6 基因在抗寒品种 93 – 114 中表达丰度显著高于不抗寒品种热垦 501，而且在 4℃ 低温下显著上调，由此推测 HbMKK6 的高丰度表达可能与增强抗寒性有关。李言发现在 10℃ 低温条件下 6 小时后，HbDREB2 在抗寒性强的品种 93 – 114 中表达量明显高于不抗寒品种热垦 501，推测 HbDREB2 有望作为筛选抗寒种质的一个指标。

在病理方面，陈守才等用 52 种 RAPD 引物对橡胶树 11 个抗白粉病品系和 11 个感病品系基因组 DNA 进行 RAPD 分析，找到了一个与抗白粉病表型密切相关的 DNA 片段（命名为 OPV – 390），实验表明 OPV – 390 可作为橡胶树抗白粉病基因紧密连锁的 RAPD 标记。罗安定等利用 AFLP 技术建立了分别具有高产、抗寒、抗白粉病和耐死皮病等 4 种性状及相关性状共 25 份橡胶树种质的 AFLP 图谱，找到一条大小为 320bp 的与抗白粉病连锁的 AFLP 标记。黄贵修等采用 DDRT – PCR 技术比较了 5 个不同品系巴西橡胶树的健康树和死皮树胶乳的差异，发现一条在健康树中表达活跃而在死皮树中被强烈抑制的差异片段。这些抗白粉病标记及死皮病相关标记的获得，为橡胶树种质资源的鉴定评价和抗病分子育种奠定了基础。

（3）橡胶树种植材料的繁殖技术

我国于 1973 年开始橡胶树种植材料的繁殖技术研究。1977 年，中国热带农业科学院的育种专家王泽云等从橡胶树体细胞获得完整植株并移植成活，这是世界上第一批移栽成活的橡胶花药体细胞植株。陈正华等从三叶橡胶树花药培养中获得 5 棵植株，并证明其来源于花粉。岑明等对花药胚状体和小植株根尖进行细胞学观察，证明所获得的胚状体和小植株确实来源于花粉。1982 年，我国首次从未授粉胚珠的培养中获得完整试管苗，王泽云等以橡胶内种皮为外植体经胚状体途径获得完整植株，1994 年又成功从未授粉子房培养中获得完整植株。

在体细胞植株的试管微繁方面，中国热带农业科学院的陈雄庭、王泽云等以热研 88－13、海垦 2、大丰 95 等高产无性系进行花药植株的微繁研究并取得较大进展。刘桂珍等则通过悬浮细胞培养，成功获得巴西橡胶树胚状体及再生植株；陈雄庭等以带有腋芽的橡胶树花药苗切段为材料，通过接种、增殖获得插条再进行生根，为橡胶树自根幼态无性系的大面积使用打下了基础。

云南省热带作物科学研究所从 1991 年起，与中国科学院遗传所合作进行橡胶树花药和未授粉子房（胚珠）的组织培养研究，第二年获得 2 个品种的花药体胚植株共 18 株，定植成活 3 株。1995 年，成功诱导出云研 73－477、云研 74－1007 和热研 88－13 等品系的花药体胚植株，并于 1995 年 4 月定植 2 亩系比试验地。通过前期系比试验，证明橡胶树体胚植株比传统芽接无性系生长快、产量高。

传统的橡胶树苗木繁殖方法存在时间长、单位面积出圃率低等缺点。2000 年以后，中国热带农业科学院发明了橡胶树籽苗芽接技术。该技术可以缩短育苗时间，减少人工投入，提高单位面积苗圃生产率。2002 年以后，云南省热带作物科学研究所引进这一技术并通过集成创新，建立了一套适合云南省的高效橡胶籽苗规范化生产技术，并在云南省推广运用。

3.2.1.3 橡胶树高效栽培技术

（1）橡胶树营养诊断与专用配方肥开发

我国的橡胶树营养诊断工作始于 20 世纪 60 年代，如原华南热作研究院橡胶栽培研究所唐树珺对橡胶树叶片进行养分测定与营养诊断分析，黄宗道等对不同品种和不同施肥处理的橡胶树叶片养分进行了研究；陆行正、何向东等人对诊断指标、采样时期和施肥量做了系统的研究，提出海南橡胶种植区土地肥力改良措施；云南省热带作物科学研究所开展了橡胶树营养诊断施肥在植胶区的应用研究。20 世纪 90 年代，在营养诊断指导施肥的基础上开始了橡胶树配方施肥的研究，研究结果表明，与常规施肥比较，专用复合肥肥效高、投资少。

随着橡胶树刺激割胶技术的广泛推广，干胶单位面积产量大幅度增加，加速了土壤及植株中养分的流失。广东、海南和云南各植胶区在采取刺激割胶生产后都表现出严重的养分失衡，说明现行胶园培肥等管理措施已不能满足刺激割胶制度下的橡胶树正常生长、生产的需求。针对云南植胶区推广乙烯利刺激割胶后出现的橡胶树主要营养类型，云南省热带作物科学研究所李春丽、杨春霞等开展了叶片营养诊断、胶园测土配方和精准施肥等研究，建立了橡胶树叶片营养诊断指标、施肥量计算、专用配方肥研发等施肥体系，研发出橡胶树专用肥新配方并进行了大规模示范推广。

随着现代信息技术的发展，我国借助地理信息系统、全球定位系统和遥感技术等，结合土质、降雨、叶片营养诊断技术，开展了橡胶树精准施肥技术的研究与应用。另外，还开展了橡胶专用缓控释肥的研究，通过控制肥料释放速率来提高养分利用率。

（2）橡胶树病虫害防治及防治药剂筛选

橡胶树虫害主要有小蠹虫和叶螨。针对小蠹虫的防治，目前以农业防治为主、化学防治及物理防治为辅。农业防治主要是清除受害树并集中销毁；化学防治药剂有敌敌畏、乐果等；物理防治则是使用诱剂进行诱杀。针对叶螨的防治，以使用哒螨灵、阿维菌素　高效氯氰菊酯等杀虫剂进行防治为主。

橡胶树主要病害有橡胶树白粉病、南美叶疫病、死皮病、根病、割面条溃疡病和多毛孢叶斑病。在我国，炭疽病和白粉病在橡胶产业中为害较重。尤其是白粉病，对叶部为害最为严重，大流行年份如防治不当可导致上亿元的经济损失。针对白粉病，生产上多运用硫磺粉防治，以三唑酮烟雾剂防治为辅，防治机械主要是喷粉机和烟雾机，无人机喷药尚处于试验阶段。云南省热带作物科学研究所通过长时间的研究，摸清了云南山地橡胶树白粉病的流行规律和特点，提出了以嫩叶期天气为主要指标的小区短期测报新方法，经多年多地实践使用，在提高防效、降低成本、将病害控制在产胶量最高的病害水平方面都取得了良好效果。

橡胶树炭疽病也是在我国植胶区会造成严重危害的一种重要病害，可为害苗圃地胶苗、大田幼树以及成龄开割胶树，严重时会引起橡胶树的重复落叶和嫩梢回枯，推迟开割时间。对于该病的防治，药剂主要有复方多菌灵、灭菌灵胶、百菌清。

橡胶树死皮病是割胶生产的大障碍，但目前还没有一个完善的死皮病防治方法。中国热带农业科学院研制出一种防治死皮的药，防效为69%～70%，但该药在云南的防效不如海南好。云南省热带作物科学研究所从几种有效植物中提取了纯天然植物萃取液，实验表明对用药时间一年以上的 1～3 级死皮树有较好的治愈效果。王真辉等调查发现，死皮率随割龄增长呈现出快速上升趋势，进而研发出一种死皮康复药剂，对四、五级死皮树具有一定疗效。

（3）环境友好型生态胶园建设

橡胶树原生于亚马孙河流的热带雨林，是典型的热带高大乔木树种。经过长期的引种栽培，目前橡胶林群落已成为热区主要的人工群落之一，在区域生态系统中扮演着重要的角色。胶园生态系统作为一种开放的人工系统，其建立历来备受关注，各植胶国在胶园生境、种植材料、种植密度、树种配置等方面均进行了大量的研究。但迄今为止，大多数植胶国的胶园均以橡胶纯林为主。针对胶园“生态功能弱、经济效益低”这两个影响橡胶种植业高质量发展的问题，一些植胶国很早就已开始着手研究胶园混交林（即仿热带雨林的丛林式胶园），如印度尼西亚开展了橡胶树和水果、坚果、木材等经济树种的混交种植模式，以期改造和挖掘橡胶人工林的生态和经济效益；马来西亚培育胶木兼优品种胶园，在获得较高橡胶产量的同时也缩短了采胶年限，并获得了一定的橡胶木材。

近些年，橡胶林生物多样性降低、水土流失、土地退化等生态环境不断恶化，亟须有效改善和提高橡胶林的生态系统服务功能，于是环境友好型生态胶园的概念应运而生。环境友好型生态胶园是按照生态学和经济学原理，根据植胶区不同区域的自然环境特点，通过改变传统的橡胶树单一种植模式和改进现有胶园管理措施，增加胶园的生物多样性，构建以橡胶树为主的复合生态系统，提升胶园的生态服务和经济产出功能，实现橡胶生产和生态环境可持续协调发展。目前，仅有中国科学院西双版纳热带植物园、云南省热带作物科学研究所、中国热带农业科学院橡胶研究所等少数科研院所在开展环境友好型生态胶园的研究与实践。

长期的监测研究结果表明，环境友好型生态胶园的水土保持和土壤养分非常接近自然次生林，旱季土壤水分含量提高了 15%，全氮和有机质含量提高了 20% 左右，土壤容重减少 0.1%～0.15%；环境友好型生态胶园的复合种植模式，构建出了多层多种人工复合生态系统，提高了生物多样性，可有效控制胶园病虫害，病虫害可减少30%左右；大力发展林下种植，提升了胶园的土地利用率、提高了胶园单位面积的经济效益。同时，环境友好型生态胶园还拥有较高的生物量和碳储量，具有显著的“碳汇”功能，具有一定的滞尘能力，对调节空气质量具有重要作用。

经过多年的建设实践，云南省热带作物科学研究所建成了环境友好型生态胶园千亩试验示范基地。基地以“分区功能设置，多样模式种植”的方式，构建了以橡胶树为主的复合农林生态系统，形成了“山顶戴帽、沟谷峭坡还林，林间套种、林下地表覆盖”的格局：约70%的土地种植适宜的橡胶树品种，约30%的土地种植珍贵用材树种、乡土树种或经济林树种。目前，已种植珍贵用材树及乡土树种30余种3万余株，构建了橡胶树间作魔芋、菠萝等10余种种植模式。

3.2.1.4 橡胶树采胶新方法研究情况

（1）割胶生理诊断

对于割胶强度的判断，以前国内生产上通常将干胶含量作为生理指标，结合产量动态变化规律来指导割胶，但干胶含量受环境光照强度、空气湿度和土壤含水量等外在因素影响较大，不能准确地判断橡胶树的生理状况。云南省热带作物科学研究所从20世纪80年代便开展了胶乳生理诊断研究，于2002年引进法国农业国际合作研究发展中心（CIRAD）的胶乳生理诊断法，并结合云南山地胶园的特点，通过长期持续的测定，建立了云南植胶区主栽橡胶树品种GT1、RRIM600和云研77－4等的胶乳生理诊断标准参照值和胶乳生理诊断体系，对30多万亩的胶园进行了胶乳生理诊断监测。

目前，胶乳生理诊断在我国割胶制度改革中，已初步作为产胶动态分析的一种手段，但其生产推广应用基础还不够完善，尚未形成割制改革中的一个采胶评价系统，而且橡胶树胶乳生理诊断技术的应用评价体系尚不健全，胶乳生理参数值数据库还未建立和完善，缺乏准确的生理参照标准值和实施应用评价体系。

（2）割胶新模式研究

从20世纪90年代开始，云南和海南先后开展了割胶新模式的研究。目前，采胶效率比传统割胶更高的采胶方式有超低频割胶、气刺短线割胶、针刺采胶、微创采胶。超低频割胶是5天以上割胶一刀，与2天一刀的传统割胶或3~4天一刀的低频割胶相比，单位面积产量明显下降，但所需劳动力减少，适用于胶工严重短缺的植胶区。气刺短线割胶因使用乙烯气体刺激，刺激强度不易控制，仅适宜应用于老龄割制的胶树。针刺采胶技术对橡胶树形成的创口较小，但因使用气刺或高浓度乙烯利刺激和挤压树皮，有持续性采胶产量下降明显、树体易长瘤的缺点。云南省热带作物科学研究所于 2016 年开始研发的微创采胶技术，同样具有创口微小的优点，并且使用中低浓度的乙烯利刺激，用电钻钻孔将树皮带出，以克服针刺采胶缺点，是将来采胶的方向。

（3）全自动采胶机的研发

为了降低割胶劳动强度、解决割胶工短缺的问题，这些年国内一直在研究割胶的自动化和智能化。首先推出的是电动胶刀，通过电池助力，减少胶工的割胶劳动强度，主要有往复式和旋切式两种，后来研发了全自动割胶机。张春龙等研制了一种割胶试验平台，原理是激光测距判断割胶，但由于橡胶树干不规则，存在着安装偏向问题。许振昆等发明了一种固定式的一树一机割胶装备，但随着树干的生长会出现无法控制割胶精度的问题。邓祥丰等基于 PLC 的控制方式，研发出一款能够通过架设在树上软轨移动的全自动针刺采胶装备，并搭建自动采胶的控制平台，包括 PLC 的编程、人机界面的设计等。曹建华、陈少华等先后设计出不同样式的机械化自动化割胶工具，正在开展试割试验。云南省热带作物研究所与中船（昆明）集团下属企业灵湖科技发展有限公司合作，于 2022 年底生产出第一台自动微创采胶机。

3.2.1.5 天然橡胶新产品开发与高性能天然橡胶研究情况

（1）天然橡胶初产品加工

针对高性能天然橡胶完全依靠进口的问题，中国热带农业科学院橡胶研究所、加工所，广东农垦总局，云南省热带作物科学研究所等单位都开展了航空轮胎专用天然橡胶或高性能天然橡胶的生产加工技术研究；桂红星等开展了浓缩天然胶乳加工新技术、天然胶乳保存技术、高品质专用胶乳研制等，更新了天然橡胶加工数据库，并对天然橡胶质量一致性控制、浓缩胶乳离心工艺在线控制、凝胶块堆积及干燥臭气处理方法等进行了研究；西双版纳威力酷公司的黄润燕等将橡胶叶和生鲜茶叶作为主要原料，研制出一种能抑制蛋白质质变且可替代氨水的天然胶乳保鲜酶。工艺改进方面的研究，有天然橡胶的螺杆挤压膨胀干燥研究和天然橡胶后端包装自动化研究。另外，云胶集团景阳公司进行了菠萝汁凝固胶乳的研究。

（2）胶乳副产物综合高值化利用

国内对胶乳副产物即制胶废水的综合利用，主要是云南省热带作物科学研究所和海南大学在做相关研究。海南大学主要研究制胶废水、乳清在农业上的应用，如研究废水用于灌溉小白菜、生菜、苋菜、辣椒等作物后对其生长、品质和土壤性质的施用效果。云南省热带作物科学研究所对天然橡胶乳清已有十余年的研究经验，开发了天然橡胶乳清中白坚木皮醇的规模化提取技术，获得中、美两国专利授权，专利许可实施转化收入200万元；完成了乳清发酵产物提取物的制备及应用于化妆品的研究，申请了国内专利和PCT国际专利，目前正在进行成果转化及中试准备工作；掌握了乳清中麦角硫因的富集技术，确定了天然橡胶乳清中麦角硫因提取的基本工艺技术路线，目前已实现克级提取，预计在两年内实现规模化提取。另外，云南省热带作物科学研究所也开展了基于天然橡胶乳清的有机肥、液体肥研究，在对天然橡胶乳清的资源化利用研究方面积累了深厚的研究基础，研究水平处于国内外前列。

3.2.2 中国天然橡胶产业存在的问题

3.2.2.1 中国植胶面积有限，存在橡胶供给安全隐患

我国是世界天然橡胶第一消费大国和第一进口大国，随着经济的快速发展，对天然橡胶的需求日趋增长。受地理和气候条件的限制，我国适宜的植胶区域基本开发完毕。近年内，橡胶树种植区域的北移可能性很小，不可能再通过扩大天然橡胶种植规模来增加我国天然橡胶产量。2020年我国天然橡胶自给率仅为13.7%，2020年中国天然橡胶进口量占世界进口量的46.15%，消耗了全球近一半的天然橡胶。我国天然橡胶的来源高度依赖进口，进口依存度在85%以上。预计到2030年，中国天然橡胶的需求量将达到600万吨，供需缺口高达500万吨。世界天然橡胶的产胶国集中在泰国、马来西亚、印度、印度尼西亚和越南等少数国家。国际橡胶联盟不断出台措施垄断天然橡胶的供应，以调控国际市场

价。中国没有掌握国际市场上天然橡胶的定价权，导致进口量增加时，国际价格就上涨，进口量减小时，国际市场价格就下跌。进口来源高度集中以及地缘政治的不稳定，导致我国天然橡胶的供给存在严重的安全隐患，使保障我国天然橡胶供给安全成为一项紧迫而艰巨的任务。

3.2.2.2　天然橡胶生产成本上涨、价格持续低迷，产业效益严重下滑

天然橡胶价格自 2011 年 2 月达到历史最高 42000 元/吨，此后一路下跌至 2016 年的最低点 10000 元/吨左右，2017 年短时间回升至 20000 元/吨，此后基本在 12000 元/吨的低位徘徊。近些年，更是由于生产资料和劳动力等成本逐年增加，种胶收益越来越低，胶农和企业的生产积极性严重受挫，胶园大面积弃割弃管，橡胶树甚至被砍伐改种其他经济作物，使天然橡胶产业的发展面临严峻考验。同时，随着我国城镇化、工业化进程的加快，用工短缺的现象日益严重，劳动力成本逐年增加。天然橡胶是典型的劳动密集型产业，工人割胶的成本高达 70%，且劳动成本会逐年上涨。橡胶生产成本的上涨和价格的持续低迷，使天然橡胶产业的收益严重下滑。

3.2.2.3　天然橡胶产品精深加工和配套产业严重匮乏、加工链条短

云南、海南是中国主要的天然橡胶生产基地，2021 年两省的天然橡胶产量达 80 多万吨，占全国的 97.9%。但天然橡胶加工设备和工艺一直处于初级加工状态，精深加工合配套产业严重匮乏，产品持续停留在初产品阶段，未形成应有的产业优势，长期作为国内外橡胶企业的原料供应地，还没有打破初级原料供应地的局限。

国外天然橡胶主产国如马来西亚、越南等为了突破原料供应地的局面，把就业机会留在国内，一直致力于促进天然橡胶全产业链发展，通过产品精深加工来增加天然橡胶的附加值。马来西亚是最大的乳胶手套生产国，占世界份额的 60%以上，该国将橡胶木材做成各种板材、家具和木地板出口到世界各国市场；印度尼西亚、泰国、越南在本国内的天然橡胶消费量也都在快速增加。

相比国外，我国在天然橡胶产品精深加工方面进展较慢，虽然近几年相关政府部门出台了政策，支持招商引资，鼓励天然橡胶主产区进行天然橡胶产品精深加工，并开发胶乳枕头、胶丝等乳胶制品和混炼胶，但尚处于初级阶段，未形成

一定的规模，亟须加快推动形成较为齐全的天然橡胶全产业链，从而成为具有较强综合竞争力的天然橡胶现代化农业产业经济带。

3.2.2.4 天然橡胶产品结构不合理、质量一致性较差，与下游市场需求脱节

目前世界天然橡胶约70%用于轮胎制造业，其中TSR20号用量最大，约占80%，已成为泰国、马来西亚、越南等国主要的生胶产品品种。我国生胶产品主要有凝块生产的SCR5、SCR10、SCR20、TSR9710和鲜胶乳生产的SCRWF等标准胶，其中可以满足子午线轮胎胶要求的生胶产品占比较低，且产品结构较为不合理。受种植、收胶模式的影响，我国天然橡胶的生产原料来源复杂、质量不一，同时橡胶加工厂分散、产能严重过剩，导致胶乳、凝块等原料竞争激烈，加工厂批次产量小，最终造成产品质量的一致性较差。国产橡胶产品由于性能不稳定，只能满足普通橡胶制品，达不到航空轮胎、工程轮胎等高性能用胶及其他特殊性能橡胶制品的要求，高端橡胶制品的用胶几乎全部依赖进口。

3.2.2.5 天然橡胶产业劳动成本高，机械化、智能化程度低

我国是农业大国，水稻、小麦、玉米、大豆等农业作物早就实现了种植、管理、收获的机械化、智能化，而我国由于地理原因，绝大多数胶园处于丘陵、低山地，大型机械难以在胶园作业。

橡胶种植业是典型的劳动密集型产业，种植、除草、施肥、病虫害防控等胶园管理全部依赖人工作业。尤其是割胶，作为天然橡胶生产的最重要环节，仍是纯手工作业。割胶阶段的劳动力成本占天然橡胶生产成本的比例达70%。一方面，随着社会的发展，劳动力价格快速上升，我国的天然橡胶生产成本已明显高于印度尼西亚、泰国、越南等主产国，产业竞争力下降；另一方面，割胶工作条件艰苦、技术要求高、劳动强度大，对年轻劳动力的吸引力较弱，胶工老龄化趋势严重，胶工缺口日益严重。

目前，天然橡胶产业生产机械化程度低，同时适用于胶园的机械整体研发水平也较低。为了应对未来越来越严重的劳动力缺少问题，打破天然橡胶产业发展的瓶颈，我国亟须加快研发适于山地胶园的各种机械设备，以提高橡胶树种植、管理、采收的机械化、智能化程度。

3.2.2.6　橡胶树资源综合开发利用水平有待提高

橡胶树是天然橡胶最重要、最具商业价值的天然橡胶来源，目前橡胶树得到利用的产品主要是胶乳中的橡胶烃和木材，而每年产生的大量的花、果实及胶乳中的非胶成分等，在很长时间以来都没有得到有效的开发利用。

橡胶树每年开花两次，3～4 月第一次开花，也是主花期，5～7 月第二次开花，有时也会出现 8～9 月第三次开花的现象。海南省、云南省及广东省共有 1700 多万亩橡胶树，是巨大的蜜源，可以开展橡胶花养蜂业。同样，每年产生的橡胶树种子数量巨大，但仅仅有部分用于小规模初加工和繁殖育种。橡胶树种子油可以制备生物柴油、油漆、涂料、肥皂等，种子榨油后的饼粕可以加工成饲料，果壳也可以生用于产活性炭等。

天然橡胶乳清则是制胶厂生产生胶时的副产物，一直以来作为污水处理，处理成本高，又浪费资源。乳清中不但含有氮、磷、钾、钙、镁、蛋白质、氨基酸和有机酸等植物营养成分，还含有白坚木皮醇、麦角硫因、谷胱甘肽等活性成分，经过处理可以用于农业灌溉，也可以提取有效成分用于化妆品行业等。充分地利用橡胶树资源，有可能获得惊人的经济价值，进而提升整个天然橡胶产业的收益，显著提高整个产业的可持续发展能力。

3.3　中国天然橡胶产业技术发展趋势和展望

一个产业的健康可持续发展离不开产业技术的持续创新。近年来，天然橡胶单位面积产量一直徘徊不前，存在着科技支撑和创新不足等问题，加之大环境经济疲软导致的胶价持续低迷，阻碍了天然橡胶产业的可持续健康发展。在有限的生产资源下，以增产增收为目标，利用科技力量提高天然橡胶产业的效益、环保水平，以及资源与经济的良性循环已成为橡胶产业实现发展的必由之路。

3.3.1　中国天然橡胶产业技术的发展情况

几十年来，我国天然橡胶产业为经济发展和国防安全发挥了巨大的作用，但是目前天然橡胶产业面临着众多的问题，遇到了可持续健康发展的瓶颈，因此，必须加强对天然橡胶产业相关技术的研究，推动科技创新，全面提升天然橡胶产业，重点开展品种选育和抗风耐寒高产品种的引进，改进割胶制度，推广营养诊断施肥、生物防治病虫害、林下经济、胶园智能管理等新技术。

3.3.1.1 发展育种技术，因地制宜选育区域橡胶品种

橡胶树是木本经济作物，非生产期长达 6 ~ 7 年，经济寿命长达 25 ~ 30 年。品种的选择对胶树的经济价值起着决定性作用，高产、优质、抗病、抗逆、早期收益高的品种选育工作需要持续推进。同时，随着科技的发展和橡胶树新用途的不断扩展，针对特种性能胶种的橡胶树、转基因橡胶树和胶木兼优橡胶树的栽培利用将成为天然橡胶产业的发展方向。

橡胶树胶乳的产生是与环境条件密切相关的次生代谢过程，胶乳代谢活跃的品种对环境的适应性更敏感。各个植胶国的环境、气候不同，适宜的橡胶树品种也不同，许多在国外高产的品种并不一定在我国表现出高产特性，在我国的不同植胶区也表现出不同的生长情况及产胶状况。例如，云南需要橡胶树的抗寒性，目前可供植胶企业和胶农选择种植的品种较少，能够提供的适宜云南植胶环境的橡胶树品种仅有 4 ~5 个。印度在抗旱育种方面取得了一定成绩，如 RRII105 是抗旱品种，已在印度大规模推广种植，平均亩产超过 100 千克，但是引到云南后产量较差。中国热带农业科学院和海南农垦培育出多个品种，如大丰 95、热研 73397、热研 8813、热研 879 等，但抗寒能力较弱，不能很好地适应云南的植胶环境。

所以，保护和充分利用现有的种质资源，应用分子标记等技术手段，建立快速有效的橡胶树主要农艺性状的鉴定体系，进一步鉴定这些材料的产量、生长量、抗寒性、抗风性、抗病性等重要农艺性状，快速选育适合不同植胶区的优良品种，对天然橡胶产业的发展和尤其是对中国、缅甸、老挝、泰国北部非传统植胶区天然橡胶产业的发展具有十分重要的意义。

3.3.1.2 创新高效栽培技术，提高胶园产值

目前植胶土地资源有限，在不能通过扩大生产规模来增加橡胶产量的情况下，可以通过选育高产抗逆良种，配合土壤改良、精准施肥、病虫防治新技术等

高效栽培抚管技术，提高天然橡胶单产水平，并结合林下经济的发展，提高胶园产值。

（1）提升营养诊断技术，进行精准施肥

土壤肥力是土壤能否满足橡胶树生长、高产稳产需求的物质基础，因此提高和保持土壤肥力是获取较好的胶园经济效益的重要因素。一方面，植胶区全面推广乙烯利刺激割胶技术，提高橡胶产量的同时，带走了林地的很多养分，而土壤的部分养分被胶树吸收后随更新树被砍伐运走也造成胶园的养分流失；另一方面，近些年由于胶价持续低迷，胶农对胶树抚管的积极性下降，胶园投放有机肥和化肥明显不足，甚至不投放，这些原因都加剧了胶园养分的流失。胶园的土壤有机质下降、肥力不足，对橡胶树的生长和产胶能力的影响逐步显现，这也是阻碍天然橡胶胶产量提升的原因之一。

因此，有必要进一步全面推广胶园营养诊断施肥，通过分析林地土壤养分和橡胶树叶片营养状况，依据胶园土壤营养状况，生产不同种类的橡胶树专用肥，以满足胶树生长、产胶的营养需要，提高产量，减少死皮。

（2）橡胶树病虫害监测预警及防控新技术

橡胶树的主要病虫害危害有白粉病、蚧壳虫、小蠹虫、死皮病、炭疽病、棒孢霉落叶病等，病虫害防控的难度增大，原有的主要病虫害，由于受抗药性增强和植胶环境变化等影响，危害程度呈加重态势，一些次要病虫害正迅速上升为主要病虫害，且周年发生危害；受全球气候变化的影响，极端天气对橡胶生产的影响加重。

流行规律和预测预报一直是白粉病研究的重点。橡胶树种植海拔及气候对白粉病的发生影响很大，春季抽叶期遇到气温突变或降雨天气，白粉病就会暴发蔓延。橡胶树死皮病（褐皮病）是干胶生产的严重阻碍，橡胶树死皮高发已经严重影响我国的天然橡胶生产安全，死皮率平均达到30%～40%，成为制约产业发展的主要问题之一。研究完善橡胶林病虫害监测预警技术，建立健全测报体系，可以科学、精准地对主要病虫害进行防控，最大限度地减少病虫害，降低施药次数和农药用量，降低防治成本，确保橡胶树正常生产。

（3）胶园林下经济的发展

绝大部分的胶园主要种植橡胶树，产业结构单一化，使得橡胶林下大量的土地闲置。收益来源仅靠胶乳，单位面积收益低，胶农抵御市场风险能力较弱。橡胶价格稳定向好时，胶农收入高，一旦价格持续低位下行，胶园产出低，胶农收入大幅下滑，不再对胶园投入，造成弃管、弃割，就会危害天然橡胶产业的健康发展。为增加胶农收入，重拾种植橡胶树的信心，充分发挥胶园林下土地资源优势，增加胶园单位面积收益是必由之路。

加快研发胶园种养结合、资源循环高效利用模式，重点开展不同树龄不同生态类型胶园林下资源综合利用、农林复合种养、生态胶园构建等技术研究，形成幼树胶园、平缓地区胶园以“橡胶树/农作物”为主，成龄胶园、山地胶园以“橡胶树/经济林或药材”为主的具有区域特色的系列胶园林下资源利用技术，增加胶园产出，提高防范风险能力。

（4）割胶制度的改革和加快采胶机械化、智能化

随着经济的发展，劳动力成本会越来越高，尤其是机械化程度很低的天然橡胶种植业，面临的劳动力压力越来越大。橡胶树有20～30年的采胶期，据测算，目前割胶环节投入的劳动占整个天然橡胶生产的70%。从割胶制度的发展历史来看，其一直不断朝着减轻劳动强度和提高劳动生产率的方向发展。为了解决胶工缺乏的问题，提高割胶效率，需将低频高效采胶技术作为今后的研发重点。云南省热带作物科学研究所开发的微创刺激采胶技术就是这方面的代表。

另外，需加快研发价格适宜、智能化的采胶设备，加快产业机械化应用水平，减少胶工需求，提升劳动生产率，降低生产成本。目前，云南和海南先后研发出了几种电动胶刀、割胶机器人，但由于割胶精准度、价格等各种原因，还不能被大多数胶农接受，还需要进一步研究。

（5）胶园信息化管理技术

为了对胶园进行精准的生产管理，需建设现代化、信息化管理平台，把胶园的橡胶树品种与数量、胶园土壤营养情况、胶树开割情况、病虫害防控情况、林下种植情况等整个胶园信息数据融合在一起，通过网络数据分析，及时对橡胶树营养、病虫害监控预测、胶树开割停割、胶园更新等进行精准化管理和调控，以

增强天然橡胶主动防灾、减灾能力，提高天然橡胶种植园管理水平。

3.3.1.3　初加工技术创新及副产物综合利用

目前，整个天然橡胶产业效益下滑、发展疲软，加快产品精深加工技术研究、鼓励高附加值产品研发无疑是提高天然橡胶产业经济效益的最直接方式，如利用原料供应地的优势，建立胶乳制品和橡胶制品生产基地；加大对橡胶籽油、橡胶木材、橡胶乳清等副产物的综合利用及精深加工。

（1）提高加工机械的连续化、自动化程度

自天然橡胶加工开发标准胶工艺几十年以来，标准胶加工工艺基本没有变化，加工过程不能连续化且每个环节都需要人工辅助。近些年，有公司研发“天然橡胶后端自动化生产线”，主要是针对天然橡胶干燥后的运输、称取、打包等环节。与合成橡胶加工的连续化、自动化水平相比，天然橡胶加工工艺及设施仍处于低级阶段。天然橡胶初加工技术主要致力于低能耗、智能化、清洁化加工技术研发，以实现生产线的连续化、自动化操作，降低工人劳动强度，缩短加工过程，提高生产效率。

（2）初加工产品质量提升技术及新产品的研发

由于橡胶加工原料的来源复杂、批次处理产量小，造成产品质量不一、稳定性差。因此，有必要开展农业因素、工艺因素等各种因素对橡胶性能的影响分析，研究质量控制技术，提升天然橡胶初加工产品的品质的稳定性。

加强天然橡胶上中游产业的对接，从种植端着手控制原料的质量，针对下游橡胶制品行业需求，研发能满足特定性能需求的高端用胶和专用产品用胶等天然橡胶新产品。

为了抵御合成橡胶对天然橡胶的市场挤压，需突破天然橡胶的固有应用领域，扩大天然橡胶的应用，研发用于特殊行业的天然橡胶产品，如研发液体天然橡胶并用于胶黏剂领域。

（3）天然橡胶制胶废水处理及综合利用技术

目前，制胶废水的处理一直存在占地面积大、处理周期长、废水处理难达标、废水处理系统尤其是酸化池发臭等问题，同时废水中含有的各种有利用价值的物质也随废水被排走，得不到回收利用。开发制胶废水的综合利用技术，可以变废为宝、生产增值产品，最大限度地减少环境污染和污水处理成本，直接使天然橡胶行业受益。

作为橡胶树的副产品，与橡胶种子分散、难以收集不同，制胶废水在制胶厂产生，规模大、收集无成本，对其开发利用无疑具有先天优势。开发制胶废水综合利用技术，提取其中的活性成分，将剩余的营养成分制备有机肥料、液体肥料等，不仅增加了天然胶乳的附加值，有利于提高天然橡胶产业的生产效益，促进天然橡胶产业的高质量发展；而且当乳清的资源化利用与膜分离技术结合时，理论上还可以实现制胶厂制胶废水的“零排放”，实现行业利益最大化，满足当地的环保需求。

3.3.2 中国天然橡胶产业技术发展典型案例分析

河口瑶族自治县位于滇东南、红河州南部，地处热带北缘，年平均温度22.6℃，最冷月均温15.6℃，最热月均温27.5℃，绝对最高温度40.9℃，绝对最低温度1.9℃，年降雨量1780毫米，相对温度86%，年平均风速1.1米/秒。河口自然气候受海洋暖气流和高原季风的影响，具有长夏无冬，春秋相连，高温、高湿、静风的气候特征，属北热带季风性雨林气候，海拔400米以下区域是橡胶生长的适宜区。目前，天然橡胶已发展成为河口垦区种植规模最大、经营范围最广和从业人员最多的支柱产业，成为河口垦区广大职工的主要收入来源，支撑着河口垦区的经济社会的发展。

（1）河口橡胶产业的基本情况

河口县橡胶产业由国有和民营两部分构成，其中国有橡胶分布在河口垦区，由河口农垦建设投资集团有限责任公司下辖的河口农场公司、南溪农场公司、蚂蝗堡农场公司、坝洒农场公司组成；民营橡胶主要分布在乡镇，由莲花滩乡、老范寨乡以及农场职工构成。

河口县种植的主要橡胶品种及其种植面积：RRIM600品系1.32万亩、GT1品系3.13万亩、云研77－4品系4.41万亩、云研77－2品系1.25万亩、PR107品系0.02万亩、PB86品系0.02万亩、热研品系8－79品系0.02万亩、热研73397品系0.24万亩、IAN873品系0.05万亩、PR228品系0.02万亩、热研628

品系0.01万亩、其他品系0.01万亩，等等。

（2）河口橡胶产业的发展历程

河口县自1953年开始定植海南和八莫野生苗415株，分别经过5年9个月和7年9个月后，离地50厘米、茎粗15厘米的橡胶树有7%，达到开割标准，于1959年6月进行割胶试验。20世纪80年代初期，河口农场人口已经达到7500人，职工3700多人，拥有植胶、制胶、水泥、制瓷、修配、商业、医疗、文教、运输、水果等十几个生产行业和服务性行业。在橡胶生产方面，已经引进5个橡胶品系。制胶业几经改革，由20世纪六七十年代用柴烤胶改为用煤烤胶，后又改为用电烤胶。1984年以后，国家对企业的体制进行改革，由计划经济改为市场经济，河口农场以橡胶产业为主，开始搞家庭农场，发展个私经济。从1994年开始，农场探索改革方式，积累经济的10年，实施家庭承包、作价转让等改革措施。由于受各种自然灾害的影响和国际市场对天然橡胶销售的影响，加上农场经济底子薄、人多地少等诸多原因，造成经济持续10年滑坡，历经了最困难、最艰苦的10年。2004年，农场开始实行政企分开，职工实行家庭经营承包制，农场的橡胶主业、优良资产均划拨到云南天然橡胶产业股份公司，农场建立独立的企业财务核算体系。2010年，农场实行属地管理，其产业主要有橡胶、香蕉两大产业，其中，橡胶15万亩，香蕉6万亩。2023年，全县天然橡胶种植面积12.44万亩，其中农场公司经营10.10万亩，民营2.34万亩（老范寨乡0.19万元亩，莲花滩乡1.40万亩，农场职工0.75万亩）；截至5月底完成干胶产量543.46吨，与去年同期（125.88吨）相比增加417.58吨，实现产值586.62万元，与去年同期（150.02万元）相比增加436.60万元，产量增加331.73%，产值上升291.03%。

（3）河口橡胶产业的生产管理

河口县橡胶产业主要集中在四个农场，当前四个农场以天然橡胶生产种植为主，橡胶总面积10.85万亩（划定橡胶红线植胶保护区10万亩），其中公有面积10.10万亩，私有面积0.75万亩。垦区橡胶产业主要做法：一是制定了《橡胶林木资产承包经营实施意见》及《割胶技术管理办法》，橡胶生产承包经营实行“六统一”，即实行种植统一规划、产品统一结算、技术措施统一实施、质量标准统一执行、病虫害统一防治、加工销售统一经营的管理。实行承包林木资产经营模式，承包人承包橡胶割林面积原则不低于100亩，全面推行“五天一刀”割制改革。二是承包人经济利益分配采取分配橡胶产品的形式进行，在册职工、职工家属子女及外来人员以生产产品总量的70%为承包人收益基数。以市场交易价分胶乳干胶和杂胶干胶两种单价兑现。社会保险费用由承包人全额承担。三是在不突破70%实物干胶分配比例和不违反“六统一”及扣除相关费用标准的前提下，各农场公司可结合自身实际积极创新，继续探索其他承包方式。

（4）橡胶产业在河口经济社会发展中的地位和作用

河口橡胶产业经过近70年的发展，到2023年全县橡胶种植总面积达12.44万亩。由于河口特殊的地形地貌——崇山峻岭、沟壑纵横、坡度较陡，加之多年来不合理的耕作方式，且连续多年种植香蕉、菠萝等浅根性短期经济作物，致使水土流失加剧，石漠化程度加深，生态环境恶化，泥石流、洪涝等自然灾害发生的频率与强度加剧。近年来，河口县委、县政府高度重视生态环境建设与保护，专门制定了红河、南溪河流域，公路沿线坡度25°以上的耕地实行退耕还林、防护林工程建设的优惠政策及强制性措施。橡胶属多年生高大乔木，根繁叶茂，是保护生态环境的理想树种，因此橡胶产业成为河口县在平衡产业发展与生态保护时的特定对象并得到大力扶持，这使河口县橡胶产业尤其是民营橡胶业有了明显的发展。目前，橡胶产业已成为河口县仅有的规模超过10万亩、产值上亿元的两大农业支柱产业之一。橡胶产业在解决河口4个国有农场近3万职工的就业和生产生活问题的同时，也使河口的生态环境和河口县农村群众的经济生活得到明显改善。因此，河口的橡胶产业不仅在河口社会经济的发展中发挥了重要的促进和保障作用，也在巩固边防、促进社会稳定等方面有着重要的现实意义。

（5）河口橡胶产业存在的困难和问题

一是胶工老龄化，岗位缺割现象严重。由于长期从事割胶工作，大部分割胶工身体开始吃不消，部分老职工已难以从事割胶工作。加上橡胶价格长期低迷，割胶岗位收益不高，胶工从事割胶生产积极性不高，造成新老胶工接替脱节，导致胶园弃管、弃割现象较为突出。

二是胶园管理水平下降。首先，由于橡胶价格长期徘徊在1万元/吨左右，利润偏低，橡胶种植企业对胶园管理费用的投入锐减，使得胶园管理水平严重下降，部分中幼林和割林出现荒芜现象。其次，由于历史债务过多，社会保险负担重，导致企业经济负担太重，资金周转困难，旧账未还又添新债，经济运作进入恶性循环。橡胶产业发展缺乏必要的资金支持，企业融资难度大，融资成本高，无力承担橡胶产业更新、巩固、扩大、提质、增效的必要投入，使得现有的橡胶规模难以维持。

三是自然灾害频发，产业受损严重。2008 年、2011 年，河口地区遭受了两次本地区橡胶树种植以来最为严重的寒害，致使橡胶林地全部受害，平均受害等级 3.5，受害率 100%，特别是橡胶中幼林大部分被冻死，橡胶种植面积缩减到目前的 12.44 万亩。

四是因机构改革，企业产业链出现断裂。橡胶生产和加工不是一个企业能独立完成的，目前整个红河州只有一个橡胶加工企业——红河农垦云象橡胶有限责任公司。由于没有竞争，橡胶企业对于橡胶加工费用谈判没有自主权，导致橡胶企业加工成本高，橡胶利润被压缩。

五是民营橡胶管理水平不足。首先是认识不足。橡胶种植一般需要 7～9 年才能产生效益，但多数群众对规模化种植橡胶的生态效益和经济效益认识不足。其次是技术落后。许多人以前没有种植过橡胶，对橡胶的育苗、台地开挖、种植管理、采胶、病虫害防治、胶乳保鲜等一系列技术比较陌生，必须加强技术培训力度，使群众熟练掌握橡胶树种植技术。再次是资金投入不足。河口县大部分农民居住在边疆山区，收入低，积累少，生活较为贫困，而从事橡胶树种植需要投入大约 1100 元/亩的资金，很难筹集到足够的资金。最后是组织化程度低。河口县民营橡胶，尤其是群众自发种植的部分，存在着家庭承包责任制的小农生产方式，规模小而分散，与发展橡胶产业化不相适应。

4

云南省天然橡胶产业技术发展概述

云南作为我国最早种植天然橡胶的地区，于 1904 年引种橡胶树。新中国成立后，为打破帝国主义的封锁、禁运，根据党中央、国务院的指示，云南自 1951 年起由农垦在世界非传统植胶区的北纬 21°～25°地区大面积北移种植橡胶树，经过 70 多年的艰苦努力，建成了我国最大的天然橡胶生产基地，种植规模、干胶总产和单位面积产量均居全国首位，为云南边疆山区近百万群众脱贫致富、边疆社会稳定和国家战略资源供应保障发挥了重要作用。

4.1 云南省天然橡胶产业技术发展现状

云南橡胶树种植主要分布在西双版纳、普洱、红河、临沧、德宏、文山和保山 7 个州（市）、31 个县（区）的低海拔湿热区，其中西双版纳州是云南第一大橡胶树种植区，胶园面积和天然橡胶总产量在全省总面积和总产量中的占比多年保持在 55% 和 70% 左右，其次为普洱、临沧、红河和德宏 4 个州（市），文山和保山仅有少量橡胶树种植。目前，在全国 3 个主要橡胶树种植区（云南、海南、广东）中，云南橡胶树种植面积、天然橡胶总产量和单产量均处于国内领先水平，其橡胶树种植总面积为 56.37 万公顷（845.55 万亩），占全国种植面积的 50.5%，投产面积 36.83 万公顷（552.4 万亩）；天然橡胶总产量为 47.21 万吨，占全国总产量的 57.1%；天然橡胶平均单产量为 1306.5 千克/公顷（每亩 87.1 千克）。云南现已成为国内优质天然橡胶生产基地，其在保障国家天然橡胶资源安全中的作用越发凸显。

云南拥有全国最大的天然橡胶初加工产能，共有天然橡胶初加工企业67家，注册商标11个，初加工厂180余座（年产万吨级以上的约20座），其中云南天然橡胶产业集团有限公司46座，西双版纳中化橡胶有限公司6座，云南海胶橡胶产业有限公司6座，云南广垦橡胶有限公司9座，云南高深橡胶有限公司4座，其他民营橡胶企业约110座；天然橡胶年加工能力约为170万吨。目前，天然橡胶初加工产能严重过剩，研发机构较少且能力较弱，存在资源利用效能差、加工技术落后、产品技术含量低等问题，与云南现有天然橡胶资源地位很不匹配。此外，天然橡胶发展规划、胶农培训、病虫害防治、新品种新技术推广、生产指导、企业管理等科技推广和服务方面相对滞后，广大民营橡胶企业的科技贡献率较低。

4.1.1 天然橡胶品种选育技术及其推广应用情况

天然橡胶品种一经选定、种植，将影响橡胶树产量水平长达25年的经济寿命，因此，品种的选育是橡胶种植业的根本。我国植胶面积有限，提高橡胶的产量最终依赖于提高橡胶的单产。

20世纪50年代，我国的天然橡胶缺乏优良品种的培育，种植未经选择的实生树，平均干胶单产仅375千克/公顷，产量很低。因此，我国从印度尼西亚、马来西亚、斯里兰卡等国引进了208个品种，筛选出RRIM600、PR107、GT1等适宜大规模推广的品种，以及RRIC100、PB260等中规模推广的品种，使我国的橡胶种植在60年代中期基本实现良种化。到1995年底，我国总植胶面积的88.3%和总开割面积的88%均是国外橡胶优良品种，使得年产干胶达到1224千克/公顷，相较50年代提高了约3.5倍，取得了显著的经济效益。

我国植胶区域地处热带北缘，温度普遍偏低，并且多风，选择和培育适合我国植胶环境的高产品种是育种专家一直努力的目标。20世纪60年代，我国开始自主培育良种，至1995年已经评选出我国自育的推广级品种29个，其中RY7－33－97、大丰95、海垦2和云研277－5为大规模推广级品种，综合指标达到了世界先进水平。“九五”攻关中，我国又筛选出优良的特异育种材料7份，包括矮生材料 RY87 -4 -26，抗寒材料 476 -56、543 -10 和 611 -1，高产抗寒材料云研 77 -4，以及抗风高产材料热研 7 -20 -59 和热研 78 -3 -5，丰富了我国植胶区的品种资源。我国还选育出早熟特高产品种热研 8 -79 和抗寒新品种 93 -114。其中，93 -114 具有抗平流、抗辐射低温能力，适宜在中寒、重寒植胶区进行大规模推广。以橡胶和木材产量为双重目标的胶木兼优品种是世界橡胶树选育种提出的一个新方向，我国自主选育的首个速生、高产胶木兼优品种热垦 525 于 2010 年审定为推广级品种。另外，热垦 628、热垦 523 等无性系也是我国第一批自主选育的具有较好环境适应性的胶木兼优的新品种。

目前，云南生产种植的品种主要有 PR107（占比 8.85%）、PRIM600（占比 19.73%）、GT1（占比 36.32%）、云研 77 -4（占比 8.47%）、云研 77 -2（占比 7.24%）、热研 7 -33 -97（占比 1.24%）、热研 8 -79（占比 0.88%）等。因为橡胶树经济寿命较长，前 3 个老品种仍占总植胶面积的 65% 左右，但新品种的推广呈逐年递增趋势。新胶园大多选择云研 77 -4、热研 7 -33 -97 等品种。各地气候环境条件各异，主栽品种也不尽相同，云南以 GT1 为主，PRIM600 次之，逐步以云研 77 -4、云研 77 -2 替代。

除传统育种技术外，我国积极探索选育种的新技术，是世界上首个诱导出橡胶树花粉单倍体植株和花药体胚植株并成功移栽的国家。微繁技术可批量提供自根幼态无性系新型种植材料，减少因砧木的不同导致的株间生长量和产量的差异。组培苗生长快，抗风能力强，产量较芽接苗明显提高。组培苗将给橡胶生产种植材料带来全新的变革。另外，我国的分子辅助育种也取得了进展。此外，产量早期预测对缩短育种周期、提高选种效果、节省土地以及劳动力都具有重要意义。

4.1.2　天然橡胶种植管护技术及其推广应用情况

我国天然橡胶种植区域大部分属于非传统植胶区，胶园立地环境较差，橡胶树经常遭受低温、台风、干旱等自然灾害的影响，导致橡胶树生长发育迟缓和胶乳产量较低。割胶生产是橡胶生产的中心环节和关键技术，其劳动投入占整个橡胶生产劳动的 70% 以上。割胶技术和管理直接关系着胶树的经济寿命和整个生产周期的产量水平及经济收益。因此，割胶技术体系的改进直接关系到天然橡胶生产的可持续发展。

20 世纪 70 年代前，我国的割胶生产一直采用半树围两天一刀（S/2 D/2）的低产低效传统割胶制度，严重制约了我国天然橡胶的发展。乙烯利刺激大幅度提高橡胶树产量的发现，使低频割胶制度成为可能。乙烯利的发明与应用极大地推进了天然橡胶产业的发展，我国割胶技术体系也相应地进行了一系列的改革。针对不同的品种、割龄以及种植环境，采取不同的割胶制度，割胶频率从传统的 D/2 到 D/3，以及更低的超低频割胶。割线则从 S/2 逐渐缩短到 SC8（缩短的螺旋割线，8 厘米长）或更短的割线。新的割胶技术和制度降低了胶工的劳动强度，缓解了胶工短缺的问题，提高了劳动收入，稳定了胶工队伍，对我国天然橡胶产业的发展起到了重要作用。

目前，我国常用的割胶制度主要有非刺激割胶、乙烯利刺激割胶、乙烯气刺短线割胶，割胶工具为手工操作的人工胶刀。由于割胶操作技能要求高、劳动强度大、生产环境条件差（通常是夜间作业），而且劳动报酬低，对年轻劳动力的吸引力不足。胶工短缺和老龄化问题已成为我国天然橡胶产业生存和发展的瓶颈。由此，我国割胶专家提出通过乙烯气体刺激低频割胶增加树位、株数，以提高人均干胶产量的理念。云南植胶面积长期稳定在 860 万亩左右。2011 年，云南农垦实行属地化管理，橡胶树承包到每家每户自主经营，改制前大面积采用的 D4 等低频割胶制度逐渐被 D3 甚至 D2 割制所取代，但割胶效率低。为了有效应对这一生产经营方式的改变，云南在地方胶园中的植胶大户进行 D4 割制的推广应用。通过采用 D4 低频刺激割胶技术，示范区胶工人数由试验前采用 D2 的 8 人（2013 年）减少为 4 人，2019 年开始减少为 3 人；试验后，2014—2020 年处理区年均割胶刀数 43 刀，比对照区减少了 25 刀，减少了 36.8%。采用乙烯利低频刺激割制在减少割胶刀数、提高割胶劳动生产率方面的效果逐年显现，并开始辐射周边地区和农户。

气刺短线割胶技术主要在老龄胶树和更新胶树上使用，需进一步熟化气刺割胶技术细节，改进充气装置，寻求稳定的乙烯气体来源，降低生产成本投入，扩大推广应用范围，支持产业可持续发展和升级。随着经济社会的进一步发展及老一批胶工的退休，橡胶产业劳动力缺口还将不断扩大，新型机械化、智能化割胶工具的研发及推广应用，采胶新技术的创新研究，收胶方式的集成创新等都将成为未来发展的必然趋势。

4.1.3 天然橡胶加工技术及其推广应用情况

我国始终紧盯天然橡胶产业发展的未来和方向，在天然橡胶生产加工绿色化、产品开发多元化、副产物利用深入化等领域下大力气，助推产业转型升级，相关技术和产品已达国际领先水平。在绿色加工方面，开发了天然胶乳低氨无氨保存、胶乳微生物凝固、天然橡胶脱水造粒、废水废气处理等先进技术，其中基于单螺杆挤出膨胀造粒和微波干燥技术研发生产的单螺杆脱水机设备和带式连续微波干燥装置，可将湿胶粒的水分含量降低至 20% 以下，干燥时间缩短至 30 ~ 45 分钟。在高性能天然橡胶加工改性技术方面，我国领跑天然橡胶纳米填料补强领域，环氧化天然橡胶、天甲橡胶、氯化天然橡胶和恒粘天然橡胶等改性新产品已实现国产化，其中环氧化天然橡胶技术被广泛应用于绿色轮胎、阻尼减震和形状记忆材料中，产品增值 150% 以上。我国联合开发的军用飞机轮胎胶通过军工验收，军用探空气球专用乳胶已达世界同类产品水平。在橡胶树木材利用方面，我国自主研发的橡胶木高温热改性生产炭化木技术改善了大尺寸稳定性和耐久性，颜色类似珍贵木材柚木，附加值提高 10% ~ 15%，成果达到国际先进水平，并成功实现炭化橡胶木实木地板产业化生产。

云南省的天然橡胶初加工制胶生产要紧盯国内天然橡胶产品需求，学习借鉴马来西亚、泰国等植胶大国原料胶生产经验，认真研究现有橡胶原料收集、组织生产方式、工艺技术及产品标准的弊端和不足，在此基础上优化云南省原料胶收集及组织生产方式，在引进、消化和吸收的基础上，研发集成初加工工艺技术，根据国内橡胶主流下游市场需求，紧盯产品销售目标客户动态需求，调整产品结构，适当压缩 SCR5 号标准胶的生产，扩大 SCR10、SCR20、TSR9710、TSR20 等市场需求量大的橡胶初加工产品生产。此外，还要通过科技创新不断促进天然橡胶产业链延伸，在天然橡胶湿法混炼技术方面，云南天然橡胶产业集团有限公司联合研制的纳米白炭黑复合母胶技术，有效填补了国内绿色轮胎应用的空白，用其生产的工程机械轮胎，综合性能可提高15%以上；在利用橡胶籽生产食用油、橡胶籽壳生产木塑型材、非胶物质白坚木皮醇研发等方面也取得重大突破，产业化综合利用走在全国前列。同时，云南还不断优化橡胶树林的生物多样性，推动园区景观与乡村旅游相结合，取得了良好的生态效益和经济效益，环境友好型生态立体胶园建设模式得到了大力推广。

4.2　云南省天然橡胶产业存在的问题

4.2.1　生产成本倒挂，胶农增收乏力

天然橡胶价格从2011年的历史最高位4.2万元/吨下跌至1万元/吨左右，并长期在低位徘徊。云南省初加工产品生产成本1.5万~1.7万元/吨，市场售价与生产成本长期倒挂，产业效益大幅下滑。胶价长期低迷，严重影响着胶农生产积极性，橡胶弃管、弃割、改种现象严重；老龄残次胶园更新换代滞后，年更新缺口达10万余亩，化肥农药生产资料投入下降50%以上，全省天然橡胶产量虽在逐年增长，但单产量有所减小。

4.2.2　初加工产能过剩，精深加工不足

云南省橡胶初加工产能170万吨，境内外资源总计不到100万吨，产能严重过剩；小、散、弱问题突出，布局分散、开工率不足、工艺技术落后、设备老旧且利用率低、产品质量一致性较差、排放不达标、原料恶性竞争严重等问题，导致市场竞争力低。目前，云南省精深加工和综合利用不足，高附加值产品少，用胶最大的轮胎行业处于空白，省内力车胎、管带等年耗胶量不到3万吨，仅占6%，销售到山东、浙江等地下游产业的占94%，卖原料的局面仍没有得到改变。

4.2.3　科研创新不足，技术服务不到位

与其他植胶区相比，云南省在橡胶种质资源和高效生物育种技术上还有差

距，胶乳原料精细化和标准化研究不足，植保、割胶环节的机械化、智能化才起步；加工企业研发和技改力度不足，橡胶制品研发欠缺、高端天然橡胶产品生产技术落后；农技人员产前、产中、产后指导服务不到位，橡胶树良种推广、生态胶园建设，以及抚管、割胶和病虫害防治等技术推广普及有待加强；经农业农村部认定授牌的天然橡胶种质资源圃，由于维护经费停止拨付，影响到了整体资源圃的种质保护和创新应用。

4.2.4 生产保护区支持力度不足，政策难以落地

国家划定天然橡胶生产保护区，但保护区配套政策不完善，扶持政策多为非普惠性的试点项目，支持环节少、覆盖面窄、资金量小，产业生产能力难以有效发挥。林业补贴项目为非普惠性的试点项目，每年仅有20万亩非生产期抚育胶园获得补助，仅覆盖全省非生产期胶园的10%左右；天然橡胶产业防灾减灾体系不健全，风险保障能力不强，目前实施的天然橡胶种植保险只承担树体损失，覆盖面窄、赔偿少，仅能部分弥补生产种植成本，在胶价长期低迷的情况下，对稳定胶农胶企收益作用较为有限。

4.2.5 对外合作配套政策不足，制约境外产业发展

替代种植指标配额不足且下达时间较晚，每年替代配额大约在9月份下达，而企业前期生产的产品积压在国外，导致指标下达后落实时间不够，部分产品虽能运到昆明保税库，但额外增加了库存成本和资金成本；由于不能采用境内担保境外贷款方式融资，“走出去”企业难以获得当地银行和国内银行的信贷支持，导致重大项目推进迟缓；资金跨境结算困难，制约企业发展，如缅甸佤邦境内无跨境结算银行，资金出境受限，致使企业投融资困难；劳动力不足，用工短缺，缺乏专业技术人才；受疫情影响，人员和货物在口岸通关时间较长、成本较高。

4.3　云南省天然橡胶产业技术研究及应用重点

4.3.1　育种技术

优良的作物品种，会提升天然橡胶的产量，带来丰厚的经济效益。选定、种植的橡胶树品种，将长期影响天然橡胶产业产量，影响时间可达25年以上。云南省宜植胶土地资源有限，应最大限度地提高单位面积产量，从而提高总产量，满足国家经济建设对天然橡胶的需求。因此，选育和推广高产、抗寒、副性状好、耐刺激的胶木兼优橡胶树良种，乃是云南省天然橡胶产业需长期坚持的一个重要方向。

鉴于橡胶树良种选育、推广的周期长、效率低、储备不足、推广力度不够的实际，云南天然橡胶树应选用高产、抗寒、速生优良品种，应着重于胶木兼优新品种筛选；创新育种材料和方法，包括收集特异种质、应用分子标记等手段辅助育种，创造选育种新材料，建立遗传转化体系，探索目标性状定向改良、天然橡胶树自根无性系繁殖技术；推进橡胶树籽苗嫁接技术集成及试管芽条繁殖技术等各项技术的研发，进一步推广具有自主知识产权的云研77－2、云研77－4、云研73－46等新品种。

表4－1　云南目前种植的天然橡胶品种

来源	品种	特征	主要表现
省外选育	热研879	二倍体无性系	生势较弱，在云南种植8年可以开割。抗寒抗旱能力弱。产胶量高是显著的优点，在海南试验表明，高产期亩产干胶167kg，在云南热量充足的区域也能获得高产。但水肥管理要求较高，缺水肥死皮率高，树势衰败快，适合于低海拔水热充足的肥沃土地种植，此类区域云南不多。

续 表

来源	品种	特征	主要表现
省外选育	热研 73397	二倍体无性系	生势较好，抗风能力强，抗寒能力较弱。种植7～8年可开割。在海南试验表明，盛产期亩产干胶100kg以上，但死皮率偏高。适合于轻寒区和重风区种植。云南风害轻，故不占优势。
省外选育	热垦 628	二倍体无性系	速生性和直立性好，抗寒能力中等。种植6～7年可开割，产量处于中上水平，树干圆满光滑，适合自动采胶机作业。适合于轻寒区和中寒区种植，特别适合平地宽行种植以套种林间作物。
省内选育	云研 73－46	三倍体无性系	速生性好，树干粗壮，抗寒抗旱能力强，定植后6～7年达到开割标准。盛产期亩产干胶100kg以上。适合于中寒区和重寒区推广种植，属于当家品种，目前处于大规模推广状态。
省内选育	云研 73－477	二倍体无性系	速生性中等，主干粗壮，抗寒抗旱能力中等，具一定抗白粉病能力，定植7年可达到开割标准。盛产期亩产干胶100kg以上，最高纪录开割第7年平均每株产干胶8.84kg，亩产达到220kg，具有突出的高产性状。适合于轻寒区和中寒区种植，目前推广势头较好，组织培养的育苗技术比较成熟，可提供自根幼态无性系苗木。
省内选育	云研 80－1983	二倍体无性系	树体大小中等，树冠较宽。抗寒能力弱，但产量高，需要大水大肥的种植条件，定植8年可达到开割标准。盛产期亩产干胶140kg以上，具有突出的高产性状。适合于轻寒区种植，目前推广较好，但要注意水肥管理，以增强树势。
省内选育	云研 77－2、云研 77－4	三倍体无性系良种（2000年通过农业农村部良种审定）	抗寒能力强，种植7年可达到开割标准，适合种植于中寒区和重寒区，盛产期亩产干胶100kg以上，但热量充足的轻寒区不适合种植。两个品种相似度高，在实际种植中可混合推广。

4.3.2 采胶技术

高产、高效、安全的采胶（割胶）技术和制度是天然橡胶生产的重要环节，其直接关系着胶树的经济寿命和整个生产周期的产量及经济收益。然而，新割制的有效性和安全性需要相应的管理制度配套来保证，需要在生产实践中不断发展和完善，特别是近年农垦企业管理体制进行重大变革后更需要重视。与此同时，国内外新的更为安全、有效的微型割胶技术亦在研发中，加强这方面的工作，将使云南采胶技术和制度取得新的革命性进步，对资源高度受到约束的云南天然橡胶产业的持续高产、稳产起到重要作用。

4.3.3 病虫害防控技术

天然橡胶重要的病害就是橡胶树死皮病。20 世纪以来，国内外学者从生理学和病理学两方面对橡胶树死皮病病因进行了广泛和深入的研究。近年，有研究者基于生产实践和田间观察，认为死皮病是乙烯利使用浓度过大和刺激频率过高引起的生理病害；但也有研究认为，橡胶树死皮病与类立克次体或其他病原菌浸染有关。已有研究大多还停留在生理、生化层面对发病机制的探讨，对死皮病最主要（基本）的病因缺乏统一、科学的认定和解释。因此长期以来，不能带动对该病病因的验证和控制实验；加之试验难度较大，周期较长，不易出成果，也常常让研究者望而却步，不敢轻易问津。虽然有一些如“剥皮”和针对侵染性病因的“药剂”试验，但效果难以肯定，应用难以规范，这明显与不能准确确定病因有关。

长期以来，云南山地胶园因种植模式单一，逐渐显现出水土流失加重、土壤肥力下降、病虫害防控难度增大、橡胶树死皮率逐年增高、单位面积产量增长乏力的趋势。云南省热带作物科学研究所近年有研究提出“橡胶树群体在一定的生产条件下，由于过度排胶和营养失衡或供给不足，导致树体衰退而在排胶树皮组织出现排胶障碍性病变，这是橡胶树出现死皮病的根本原因”。同时，他们以这一重要基本认识为假说，开始通过对橡胶林大田调查和现有生产数据统计分析予以验证，开展橡胶树营养与死皮病关系的研究，为死皮病防控技术的研制奠定坚实的基础。目前，主要研究重点为：开展云南现行橡胶树种植模式的经济和生态学评价，研发新型模式；开发 GIS 技术精细化施肥信息管理系统，研究橡胶园施肥技术与集成示范；建立和完善基于 GIS 的橡胶树主要病虫害气象信息测报技术系统，研究与示范橡胶树白粉病、棒孢霉落叶病、炭疽病、橡胶盔蚧和六点始叶螨等主要病虫害的综合防控技术；建立应用胶乳生理诊断安全采胶技术评价规范和研究橡胶树安全、高效割胶技术的集成示范；建立气刺微割割胶新技术的试验示范；建立橡胶树死皮病综合防控技术的试验示范。

4.3.4 专用胶及胶乳技术

子午线轮胎原料胶和低蛋白浓缩胶乳的问题，一直制约着云南天然橡胶产业的快速发展。因此，未来应着重开展子午线轮胎专用胶生产关键技术研究与示范，完成年产子午线轮胎胶生产线的设施设备改造，制定规模化生产子午线轮胎胶工艺技术规程及产品企业标准，开展低蛋白浓缩胶乳的生产关键技术集成与示范，建设具有一定规模的低蛋白浓缩胶乳生产线。

4.3.5 副产物综合利用技术

云南天然橡胶副产物资源量大，但综合开发利用不够，综合效益不高。因此，未来应重点开展橡胶木材改性处理方法和工艺试验，以橡胶籽食用油产品和橡胶籽油粕为主要原料生产橡胶专用有机无机复混肥，从制胶废水中提取白坚木皮醇；以橡胶木屑为主要基料，产业化栽培食用菌等。

4.3.6 信息化与智能化技术

信息化、智能化技术是云南天然产业技术发展的一个重要方向。研究和推广天然橡胶产业的信息化和智能化技术，将有利于改变天然橡胶生产方式，实现更优的发展路径。

（1）先进传感技术

研发用于监测橡胶树生长环境和产量的传感器技术，实现对大面积种植区的实时监测，及时预警病虫害和气候变化等因素带来的风险。

（2）大数据分析

通过建立橡胶树生长大数据平台，利用人工智能和大数据分析技术，为决策者和种植户提供精准的管理建议和种植指导。

第二篇

战略研究篇

5

国内外天然橡胶产业发展的战略地位及总体形势

全球天然橡胶产业的发展战略地位十分重要，天然橡胶的供应与需求影响着全球市场的稳定和经济的发展。许多国家都将天然橡胶产业视为战略性产业，并通过制定相关政策和措施来促进其发展。这些国家主要通过加强农业生产、推动科技创新、提高橡胶种植和加工技术、拓展国际贸易等方式来增强其在全球天然橡胶市场的竞争力。

5.1　新时期国外天然橡胶产业发展的战略地位及形势

橡胶是一种重要的工业原料，广泛应用于汽车制造、轮胎生产、橡胶制品等领域。天然橡胶作为橡胶行业的重要品种，具有独特的优势和战略地位。天然橡胶产业在经济、环境和产业链发展中具有非常重要的战略地位。

首先，天然橡胶产业在经济发展中具有重要地位。橡胶是国际贸易中的重要商品之一，对全球经济具有重要影响力。天然橡胶的产业链涵盖了橡胶种植、橡胶采集、橡胶加工制造等多个环节，直接创造了大量的就业机会和经济效益。特别是在橡胶种植和橡胶采集环节，天然橡胶产业为农村地区提供了重要的经济支撑和发展机遇。同时，天然橡胶的国内消费需求也在不断增长，为经济发展提供了稳定的原材料供应来源。

其次，天然橡胶产业在环境保护和可持续发展中具有重要作用。天然橡胶的生产过程相对环保，种植橡胶树不会对土地环境造成严重破坏，同时还能够吸收二氧化碳，减少温室气体。与合成橡胶相比，天然橡胶在生产和使用过程中对环境的影响较小。因此，发展天然橡胶产业有助于推动绿色发展和生态文明建设，减少对环境的负面影响。

最后，天然橡胶产业在产业链发展中具有关键地位。橡胶作为重要的工业原料，与汽车制造、轮胎生产、橡胶制品等行业密切相关。天然橡胶的供应稳定和质量优势对于整个橡胶产业链的稳定运行至关重要。在国际市场上，天然橡胶具有较高的品质和市场认可度，是高端轮胎制造和橡胶制品生产的重要原材料。因此，发展天然橡胶产业对于提升整个橡胶产业链的竞争力和附加值具有重要意义。通过提高天然橡胶的产量和质量，加强橡胶种植技术研究和创新，可以进一步提升橡胶产品的品质和附加值，满足市场需求。此外，天然橡胶产业的发展还具有促进农村经济发展的重要作用。橡胶种植和橡胶采集是农村地区重要的经济活动，对于提高农民收入、改善农村居民生活水平具有积极影响。通过发展天然橡胶产业，可以增加农民的就业机会，提升农民收入，促进农村经济的发展。特别是在一些发展中国家和地区，天然橡胶产业已经成为重要的经济支柱，为农村地区的可持续发展做出了重要贡献。

在国际层面上，天然橡胶产业的发展对于推动国际合作和促进全球贸易有着重要意义。作为全球重要的农产品之一，天然橡胶的供需关系和价格波动对国际市场具有重要影响。通过国际合作和合理规划，可以稳定天然橡胶市场，维护供应链稳定和市场秩序。同时，国际合作还可以促进技术交流和经验分享，推动天然橡胶产业的创新和发展。

5.1.1　泰国

泰国是世界上重要的天然橡胶生产国之一，其天然橡胶产业在国际市场上具有重要的地位。泰国拥有丰富的橡胶资源、优越的气候条件和丰富的农业经验，这使得泰国天然橡胶产业具备了良好的发展前景和竞争优势。

首先，泰国的天然橡胶产业之所以具有战略地位是因为其在全球橡胶市场中占据重要的地位。泰国的橡胶产量和出口量居于全球前列，泰国的橡胶产品以其高质量和具有竞争力的价格享有盛誉，受到国际市场的广泛认可。泰国的橡胶产业对国家经济具有重要的支撑作用，为国家创造了丰厚的经济效益和众多的就业机会。

其次，泰国在天然橡胶产业发展中注重科技创新和技术提升，进而为其赢得了竞争优势。泰国通过加强研发投入、推动科技创新和提升生产技术水平，致力于提高橡胶品质和生产效率。泰国的研究机构和科研团队在橡胶栽培、病虫害防治、种植管理等方面进行了大量的研究工作，并取得了一定的成果。例如，在橡胶栽培方面，泰国的科研团队通过实地试验和模拟研究，确定了最佳的种植密度，以提高单位面积的产量，减少病虫害，并且针对不同生长阶段的橡胶树，开展了针对性的施肥研究，确保橡胶树获得充足的营养，从而提高橡胶产量和抗逆性。在病虫害防治方面，泰国的科研机构建立了完善的病虫害监测网络，能及时发现病虫害，并针对性地开展防治工作，包括生物防治、化学防治和物理防治等多种手段的综合利用；通过遗传改良和分子育种等技术手段，培育出抗病虫害的橡胶品种，降低了农药使用量，减少了环境污染，提高了农民的收益。在种植管理方面，针对泰国气候干燥的特点，泰国的研究团队开展了水分管理方面的研究，确定了合理的灌溉制度和水分管理措施，确保橡胶树的生长需求得到保证，提高了橡胶产量和品质。并且，泰国开发了针对橡胶树主要疾病如叶斑病、根腐病等的防控技术，包括疾病诊断、药剂配方和施药方法等，有效减轻了疾病对产量的影响。这些努力有助于提高泰国橡胶产业的竞争力和可持续发展能力。

最后，泰国积极推动橡胶产业的可持续发展和环境保护工作。泰国政府制定了一系列环境保护政策和法规，鼓励农民采用可持续的种植方法，减少对环境的负面影响。泰国橡胶种植者也积极参与生态环境保护项目，推广水资源管理、土壤保护和生态多样性保护等工作。这些举措有助于改善泰国橡胶产业的可持续性，保护生态环境，同时提升泰国橡胶产业的形象和竞争力。

此外，泰国还积极参与国际合作，加强与其他橡胶生产国的合作与交流。例如，泰国与马来西亚、印度尼西亚等橡胶生产国保持着密切的合作关系，共同推动全球橡胶市场的稳定发展。泰国也积极参与国际橡胶组织和论坛，分享经验、交流技术，并与国际买家建立稳定的合作关系。这种国际合作为泰国橡胶产业提供了更多的市场机遇和资源支持，促进了泰国橡胶产业的长期发展。

然而，泰国的天然橡胶产业在全球发展战略地位上仍面临着多重挑战，这些挑战涉及经济、环境、技术以及国际市场等诸多方面。

全球天然橡胶市场的供需关系不断变化，对泰国橡胶产业产生了极大影响。近年来，全球经济增速放缓，尤其是主要消费市场如中国和美国的需求不稳定，导致橡胶价格波动较大。此外，合成橡胶技术的进步和应用的扩大，尤其是在汽车轮胎等传统天然橡胶消费领域的竞争，使得天然橡胶的市场份额受到挤压。石油价格的波动也直接影响到合成橡胶的成本，从而间接影响天然橡胶的竞争力。同时，泰国的橡胶种植户和生产商面临着生产成本上升的问题。劳动力成本逐年上涨，特别是在经济发展较快的地区，农业劳动力短缺的问题愈发严重。与此同时，土地资源的有限性和价格上涨也对橡胶种植形成了压力。为了维持生产，农民不得不投入更多资金购买化肥和农药，而这些投入成本的增加并未能在产品价格上得到相应的补偿，导致利润空间被压缩。

环境问题也对泰国的橡胶产业构成了严峻挑战。天然橡胶种植需要大面积的土地，进而导致森林砍伐和生态系统的破坏，引发国际社会和环保组织的关注与批评。泰国政府和企业在环境保护方面面临着日益严苛的国际标准压力，需要投入更多资源进行可持续种植和提高环保水平，这进一步增加了生产成本。同时，气候变化对橡胶树的生长环境也产生了显著影响。极端天气如干旱和洪水，直接威胁到橡胶树的生长和乳胶的产量。此外，气候变化还可能导致病虫害增加，使得橡胶树的管理和维护更加复杂和昂贵。

技术方面，泰国橡胶产业在加工和生产技术上的创新与进步相对缓慢，缺乏高附加值的深加工产品。大部分橡胶仍以初级产品的形式出口，附加值低，受市场价格波动的影响大。

在国际贸易政策方面，泰国橡胶产业也面临着各种挑战。各国对于橡胶产品的进口关税、贸易壁垒以及非关税壁垒措施，对泰国的橡胶出口产生了直接影响。例如，一些国家通过严格的环保和质量标准，限制天然橡胶的进口，进而要求泰国天然橡胶出口企业不断提升产品质量和合规性。

综上所述，泰国在天然橡胶产业发展中具有重要的战略地位，其丰富的橡胶资源、科技创新和可持续发展举措为其赢得了竞争优势，并在国际市场上取得了良好的声誉和地位。泰国通过注重科技创新、环境保护和可持续发展，提高了橡胶品质和生产效率；积极参与国际合作，扩大市场份额，稳定市场地位。与此同时，泰国天然橡胶产业面临着多方面的挑战，这些挑战相互交织，使得泰国在努力保持其作为全球主要橡胶生产国和出口国的地位的同时，需付出更多努力和资源。

在未来，泰国橡胶产业可以继续注重技术创新和科学种植管理，通过引进先进的种植技术和设备，提高橡胶品质和产量，降低生产成本。同时，加强与其他橡胶生产国的合作，共享经验、交流技术，推动全球橡胶市场的平衡发展。泰国还可以继续加强环境保护和可持续发展措施，采取更多的生态友好型种植方式，减少土地和水资源的压力，保护生态环境。此外，泰国可以加强橡胶产品的品牌建设和市场推广，提高产品附加值和竞争力，拓展更多的出口市场。同时，加强对农民的培训和支持，提高他们的橡胶种植技能和管理水平，增强他们的经济收入和可持续发展能力。

总体来说，泰国天然橡胶产业在全球范围内具有重要的地位和发展潜力。尽管面临一些挑战，但泰国政府通过采取措施和推动合作，努力促进橡胶产业的可持续发展和竞争力。通过提高产量、质量和可持续性，泰国仍可以在全球橡胶市场中维持和提升其地位，为国家经济发展做出重要贡献。同时，继续加强与其他橡胶生产国的合作，共同应对挑战，实现共赢发展。

5.1.2 马来西亚

马来西亚作为全球最大的天然橡胶生产国之一，在天然橡胶产业的发展中扮演着重要的角色。马来西亚拥有丰富的橡胶资源和优质的种植环境，以及先进的种植技术和管理经验，因而成为全球橡胶市场的关键参与者。

首先，马来西亚在天然橡胶产业中的战略地位体现在其丰富的橡胶资源上。马来西亚拥有广大的橡胶种植区域，优质的土壤和气候条件为橡胶生长提供了良好的环境。马来西亚的橡胶种植业主要集中在马来半岛和婆罗洲地区，这些地区具有丰富的雨量和阳光，有利于橡胶树的生长和产量的提高。此外，马来西亚还积极推行可持续种植管理，注重环境保护和生态平衡，以确保橡胶产业的可持续发展。

其次，马来西亚在橡胶种植技术和管理方面具备先进经验。马来西亚的橡胶种植者广泛采用现代化的种植技术和管理方法，包括选育优良品种、科学施肥、病虫害防治、灌溉管理等。这些先进的技术和管理手段可以提高橡胶树的生长速度和产量，提高橡胶品质，降低生产成本。此外，马来西亚还注重培训和教育种植者，提高他们的技能水平和管理能力，使他们能够适应市场需求和应对潜在的挑战。

总之，马来西亚的天然橡胶产业在国际市场上具有竞争优势。马来西亚的天然橡胶主要出口到中国、印度、美国和欧洲等国家和地区。马来西亚的橡胶产品以其优质、可靠和稳定的特点受到了国际买家的青睐。马来西亚橡胶企业积极开拓国际市场，建立了稳定的贸易关系和合作伙伴关系，提高了市场份额和竞争力。

然而，马来西亚的天然橡胶产业在全球发展战略地位上仍面临着诸多复杂的挑战，这些挑战涵盖了经济、环境、技术以及国际市场等多个方面。

第一，全球市场的需求波动给马来西亚的天然橡胶产业带来了不确定性。虽然天然橡胶在医疗手套等领域有着稳定的需求，但总体来看，经济增速放缓，尤其是主要消费国如中国和美国的需求波动，导致了橡胶价格的不稳定。此外，合成橡胶的日益普及也对天然橡胶形成了竞争压力。合成橡胶在某些应用上具有成本和性能上的优势，这使得天然橡胶在市场上的地位受到威胁。

第二，生产成本的上升是一个显著的问题。马来西亚的劳动力成本逐年增加，特别是在经济较发达地区，农业劳动力短缺现象更加突出。此外，土地资源有限，土地价格不断上涨，使得橡胶种植的成本显著增加。为提高产量和保证质量，种植户需要更多的投入，包括化肥、农药和机械设备，这些都进一步压缩了利润空间。

第三，环境保护问题也对马来西亚的天然橡胶产业构成了严峻挑战。橡胶种植通常需要大面积的土地，进而导致部分地区的森林被砍伐和生物多样性减少。同时，国际社会和环保组织越来越关注环境保护问题，要求橡胶产业在生产过程中更加注重可持续发展和生态保护。因此，马来西亚政府和企业需要在环保方面投入更多资源，以应对日益严格的国际环保标准，而这无疑增加了其生产成本。

第四，气候变化对橡胶种植的影响也不容忽视。极端天气，如干旱、洪水和温度异常，直接影响到橡胶树的生长和乳胶的产量。此外，气候变化还可能导致病虫害频发，进而增加橡胶种植的管理难度，提高橡胶生产的成本，进一步挑战着产业的可持续发展。

第五，在技术方面，马来西亚的橡胶产业在加工和生产技术上相对滞后，缺乏高附加值产品的开发和生产能力。马来西亚大部分的天然橡胶仍以初级产品形式出口，附加值低，易受市场价格波动的影响。这要求马来西亚在技术创新和产业升级方面投入更多，以提高天然橡胶的产品附加值和市场竞争力。

第六，国际贸易政策的变化也对马来西亚的橡胶产业构成了挑战。各国对天然橡胶产品的进口关税、贸易壁垒和非关税壁垒不断进行调整，这对马来西亚的出口构成了直接影响。例如，一些国家通过严格的环保和质量标准限制天然橡胶的进口，这要求马来西亚的天然橡胶出口企业不断提升产品质量和合规性，无形中增加了生产和出口成本。

总体来看，马来西亚天然橡胶产业在全球发展战略地位上面临的挑战是多方面的，这些挑战彼此交织，使得马来西亚在维持其全球主要橡胶生产国和出口国地位方面需要付出更多的努力和资源。

为了应对这些挑战，马来西亚可以采取一系列措施来进一步提升其在天然橡胶产业中的战略地位。首先，马来西亚可以继续加大对橡胶种植技术研发和创新的投入，提高橡胶树的产量和品质。通过引进先进的种植技术、培育抗病虫害品种和改善土壤管理，马来西亚可以增加橡胶产量，提高产品的附加值和竞争力。其次，马来西亚可以加强与国际买家和橡胶加工企业的合作，促进天然橡胶产业链的整合和升级。与国际买家和橡胶加工企业建立长期稳定的合作关系，可以帮助马来西亚抵御市场风险，提高产品的附加值，并拓展新的市场。再次，马来西亚可以进一步加强橡胶产业的可持续发展。例如，通过推动绿色种植和可持续管理实践，减少对环境的影响，提高橡胶产业的可持续性和社会效益。最后，马来西亚可以加强橡胶产业的技术研究和人才培养力度，提高行业的创新能力和竞争力。

综上所述，马来西亚天然橡胶产业发展总体形势积极向好，拥有丰富的资源以及先进的种植和加工技术。并且，政府的支持和投资也为产业的发展提供了有力保障。同时，马来西亚需要不断加强创新能力、提升产品质量，以及采取适应性措施，以确保天然橡胶产业的可持续发展和其在全球市场中的竞争地位。

5.1.3 印度尼西亚

印度尼西亚是世界上最大的天然橡胶生产国之一，其天然橡胶产业在国际市场上占据重要的地位。

第一，印度尼西亚拥有广阔的橡胶种植区域和丰富的橡胶资源。印度尼西亚气候适宜，土地肥沃，为橡胶树的生长提供了良好的条件。印度尼西亚的橡胶种植面积庞大，主要分布在苏门答腊岛、加里曼丹岛和苏拉威西岛等地区。这使得印度尼西亚能够满足全球市场对橡胶的需求，并在供应方面发挥重要作用。

第二，印度尼西亚的天然橡胶以其高质量而闻名。印度尼西亚注重种植技术和管理实践，通过科学的耕作方法和优质的种子，提高橡胶的产量和品质。印度尼西亚的天然橡胶具有良好的弹性、耐磨性和耐老化性能，被广泛应用于汽车轮胎、橡胶制品和工业材料等领域。

与此同时，印度尼西亚的天然橡胶产业在全球发展战略地位上仍面临着一系列复杂且多层次的挑战，这些挑战涵盖经济、环境、社会和技术等多个方面，对产业的持续发展和国际竞争力构成了巨大压力，主要表现在以下几个方面：

一是全球天然橡胶市场需求的波动给印度尼西亚橡胶产业带来了显著的不确定性。虽然天然橡胶在一些领域如汽车轮胎和医疗设备中有着稳定的需求，但全球经济增长放缓，尤其是主要消费国和地区如中国、美国和欧盟的需求波动，使得橡胶价格时常处于不稳定状态。此外，合成橡胶的技术进步和生产成本的下降，使其在许多应用场景中逐渐替代天然橡胶，从而压缩了天然橡胶的市场份额。

二是生产成本的上升对印度尼西亚的橡胶种植户和生产商构成了巨大压力。尤其是在经济较发达地区，劳动力成本的增加，导致天然橡胶生产成本逐年上升。同时，土地资源有限，土地价格不断攀升，使得橡胶种植的初始投入变得更加昂贵。为了提高产量和保持竞争力，农民需要在化肥、农药和现代化设备上投入更多，但这些投入并未能通过橡胶价格的上升得到相应的补偿，利润空间因此被进一步压缩。

三是环境保护和可持续发展的要求也对印度尼西亚的天然橡胶产业提出了新的挑战。橡胶种植需要大面积的土地，这导致森林被砍伐和生物多样性减少。国际社会和环保组织对环境保护的关注日益增加，促使印度尼西亚政府和企业在环境保护方面投入更多资源，以满足日益严格的国际环保标准和要求。采取可持续的种植方式和保护生态系统，虽然有助于橡胶产业的长期发展，但短期内增加了生产和管理成本。

四是气候变化对橡胶种植的影响也是不容忽视的。极端天气事件如干旱、洪水和异常气温对橡胶树的生长和乳胶的产量具有直接影响。同时，气候变化也可能导致病虫害频发，增加了橡胶种植的管理难度和成本。这些环境因素的不确定性增加了天然橡胶产业的生产风险，使得长期规划和投资变得更加困难。

五是技术创新不足是另一个严重的问题。印度尼西亚的天然橡胶产业在加工和生产技术上相对落后，大部分天然橡胶仍以初级产品的形式出口，附加值低，受市场价格波动的影响大。相比之下，一些主要竞争国家在橡胶制品的研发和高附加值产品的生产上投入更多。因而，印度尼西亚需要在技术研发、产品创新和产业升级方面投入更多，以提高产品附加值和市场竞争力。

六是国际贸易政策的不确定性也是一个重要的挑战。各国天然橡胶产品的进口关税、贸易壁垒和非关税壁垒的变化，对印度尼西亚的橡胶出口产生了直接影响。例如，一些国家通过严格的环保和质量标准限制天然橡胶的进口，这要求印度尼西亚出口企业不断提升产品质量和合规性，增加了生产和出口成本。

为了进一步发展印度尼西亚的天然橡胶产业，政府和相关利益相关者可以采取以下一系列举措：

首先，加强农业技术和创新研究，提高橡胶产量和质量。通过引进先进的农业技术和研发创新，印度尼西亚可以提高橡胶种植的效率和产量。这包括推广现代化的种植管理技术，引进高产种植材料，加强疾病防控措施，以提高橡胶的质量和抗病能力。同时，加强农民培训和技术支持，提高农民的种植技能和管理水平，以实现橡胶种植的可持续发展。

其次，加强橡胶产业的附加值链发展。除了橡胶原料的生产，印度尼西亚还可以进一步发展橡胶加工和制造业，包括橡胶制品的加工、橡胶材料的研发和创新，以及橡胶产品的市场推广。通过增加附加值环节，印度尼西亚可以提高橡胶产业的利润和竞争力，并增加就业机会。

再次，印度尼西亚可以加大国内外市场的开拓和推广力度。通过积极参与国际橡胶贸易展览会、行业合作和交流活动，印度尼西亚可以增加与国际买家的接触和合作机会。同时，加强品牌建设和市场营销，提高印度尼西亚橡胶产品的知名度和竞争力。此外，与其他橡胶生产大国合作，共同推动橡胶市场的稳定和可持续发展。

最后，在可持续发展方面，印度尼西亚应加强橡胶种植的环境管理和社会责任。例如，制定和执行严格的环境保护政策，确保橡胶种植不会对森林资源和生态系统造成损害。同时，重视社会责任，确保橡胶种植业为当地社区的福利和可持续发展做出积极贡献。

综上所述，印度尼西亚天然橡胶产业在全球市场上具有重要的地位和潜力。该国拥有广阔的橡胶种植区域和丰富的资源，政府的积极支持和推动也为产业的发展奠定了基础。同时，面对激烈的市场竞争、气候变化和自然灾害等挑战，以及可持续发展要求，印度尼西亚仍需加强市场营销和品牌建设，提高产品质量和竞争力；采取措施应对气候变化和自然灾害，推动技术创新和可持续发展。只有通过持续的努力和改进，印度尼西亚的天然橡胶产业才能保持竞争力并实现可持续发展。

5.1.4 越南

越南作为世界上重要的橡胶生产国之一，在天然橡胶产业发展方面具有重要的战略地位。橡胶产业对越南经济的发展和农民的生计具有重要影响，同时也对全球橡胶市场的稳定和供应起着重要作用。

首先，越南丰富的自然资源和适宜的气候条件，为天然橡胶的种植提供了有利条件。越南的气候和土地适合橡胶树的生长，加上丰富的降雨和充足的阳光，使得越南的橡胶种植拥有得天独厚的优势。因此，越南在全球橡胶市场中具有一定的竞争力。

其次，越南政府对橡胶产业的支持和重视也是其发展成具有重要战略地位产业的重要因素。越南政府通过制定相关政策，如提供财政和税收优惠等激励措施，吸引国内外投资者参与橡胶产业。越南政府还加大对农民的培训和技术支持力度，提高橡胶种植的技术水平和管理能力。

再次，越南政府致力于推动橡胶产业的可持续发展，注重环境保护和社会责任，为橡胶产业的长期发展奠定了基础。

最后，越南在橡胶加工和出口方面具有一定的优势。越南拥有完善的橡胶加工产业链，从橡胶采收到加工、生产再到出口，形成了完整的产业链条。

此外，越南的加工企业具备先进的生产技术和设备，能够提供高品质的橡胶产品。

但是，越南的天然橡胶产业在全球发展战略地位上面临着复杂且交织的挑战，这些挑战涵盖了市场需求波动、生产成本增加、环境保护要求、气候变化影响以及技术创新滞后等多个方面，对天然橡胶产业的长期发展和国际竞争力形成了压力。

一是全球市场需求的不稳定性给越南天然橡胶产业带来了显著的不确定性。尽管天然橡胶在轮胎制造和医疗用品等领域具有稳定的需求，但全球经济增长放缓，尤其是主要消费国和地区如中国、美国和欧盟的经济波动，使得橡胶价格时常波动剧烈。此外，合成橡胶技术的进步和生产成本的降低，使其在许多应用中逐渐替代天然橡胶，这对越南天然橡胶的市场份额构成了巨大的挑战。越南作为全球主要天然橡胶生产国之一，必须应对这种市场需求的不确定性，维持其全球市场地位。

二是生产成本的上升也是越南橡胶产业面临的重大挑战。劳动力成本逐年增加，特别是在经济较发达地区，生产成本显著上升。同时，土地资源有限且价格不断攀升，使得橡胶种植的初始投入变得更加昂贵。为了提高产量和竞争力，农民需要增加化肥、农药和现代化设备的投入，但这些投入并未能通过橡胶价格的上升得到相应的补偿，导致利润空间进一步被压缩。

三是环境保护和可持续发展的压力日益增加。橡胶种植需要大面积的土地，这往往导致森林被砍伐和生物多样性减少。国际社会和环保组织对环境保护的关注不断加强，促使越南政府和企业在环境保护方面投入更多资源，以符合日益严格的国际环保标准和要求。采取可持续的种植方式和生态保护措施，虽然有助于长期发展，但在短期内增加了生产成本和管理难度。

四是气候变化对橡胶种植的影响亦不容忽视。极端天气如干旱、洪水和异常气温对橡胶树的生长和乳胶产量具有直接影响。同时，气候变化可能导致病虫害频发，进而增加橡胶种植的管理难度和成本。这些环境因素的不确定性加大了天然橡胶种植的风险，使长期规划和投资变得更加复杂。

五是技术创新的滞后是越南天然橡胶产业面临的另一重要问题。越南亦缺乏高附加值产品的开发和生产能力，需要在技术研发、产品创新和产业升级方面加大投入，以提高市场竞争力。

六是国际贸易政策的不确定性也对越南橡胶产业构成了挑战。各国天然橡胶产品的进口关税、贸易壁垒和非关税壁垒的变化，对越南橡胶出口具有直接影响。例如，一些国家通过严格的环保和质量标准限制天然橡胶的进口，这要求越南出口企业不断提升产品质量和合规性，进而增加了其生产和出口成本。

对此，越南可以采取以下措施：

第一，加强市场监测和预测，及时掌握全球橡胶市场的动态和趋势。越南可以建立健全的市场信息系统，定期收集和分析市场数据，了解市场需求和价格趋势，以制定灵活的生产和出口策略。

第二，加强科技创新和技术升级，提高橡胶种植和加工的效率和质量。越南可以加大对橡胶科研机构和高校的支持，鼓励科研团队开展技术研究，推动橡胶品种改良和种植技术创新。此外，加强与国内外企业的合作，引进先进的生产技术和设备，提高加工工艺和产品附加值，实现橡胶产业的升级和转型。

第三，加强农民培训和技术支持，提高橡胶种植的管理水平和农业可持续发展能力。越南可以通过农民培训课程、技术指导和示范项目，提升农民的种植技术和扩充农民的管理知识。同时，推广节水灌溉、土壤改良和有机农业等可持续种植模式，保护农业生态环境，提高橡胶种植的可持续性和生态友好性。

第四，加强环境保护和可持续发展意识，推动绿色橡胶产业的发展。越南可以加强环境管理和监测，加大对污染治理和环境保护设施建设的投入。同时，推动橡胶企业实施环境管理体系和绿色生产标准，鼓励节能减排和资源循环利用，促进橡胶产业与环境的协调发展。

第五，加强国际合作和交流，拓展橡胶产业的国际市场。越南可以积极参与国际橡胶产业的合作和交流活动，加强与橡胶消费大国和橡胶产业组织的合作关系。通过参加国际展览、派遣贸易代表团和开展商务交流，推广越南的橡胶产品和品牌，开拓新的市场和渠道。此外，越南还可以加强与其他橡胶生产国家的技术合作和经验交流，共同解决橡胶产业面临的问题，推动全球橡胶产业的可持续发展。

综上所述，越南的天然橡胶产业发展总体形势向好，具有极大的发展潜力和竞争力。

5.1.5 印度

近年来，印度的天然橡胶产业取得了显著的发展，提升了国家经济水平，改善了农民生计。作为全球最大的橡胶消费国之一，印度在天然橡胶生产、加工和出口方面具有巨大潜力。

首先，印度在天然橡胶产业方面具有得天独厚的地理条件和气候优势。喀拉拉邦地区的热带气候和多雨季节为橡胶树的生长提供了理想的环境。此外，印度土地面积广阔，拥有适合橡胶种植的大量农田。这些为印度成为橡胶生产大国提供了良好的基础。

其次，印度在橡胶加工和产品制造方面拥有先进的技术和设施。印度的橡胶加工行业经过多年的发展，建立起完善的加工产业链和生产能力。印度的橡胶制品包括轮胎、橡胶管、胶鞋、胶带等，广泛应用于汽车、建筑、电子等领域。印度的橡胶制品质量和技术水平在国际市场上享有良好声誉。

与此同时，印度天然橡胶产业在全球发展战略地位上面临着复杂的挑战，这些挑战涵盖市场需求波动、生产成本增加、环境保护要求、气候变化影响以及技术创新滞后等多个方面，对产业的长期发展和国际竞争力形成了极大压力。

第一，全球市场需求的不稳定性给印度天然橡胶产业带来了显著的不确定性。尽管天然橡胶在轮胎制造和医疗用品等领域有着稳定的需求，但全球经济增长放缓，尤其是主要消费国和地区如中国、美国和欧盟的经济波动，使得橡胶价格时常剧烈波动。此外，合成橡胶技术的进步和生产成本的降低，使其在许多应用中逐渐替代天然橡胶，这对印度天然橡胶的市场份额构成了巨大的竞争压力。印度作为全球主要天然橡胶生产国之一，必须应对这种市场需求的不确定性，以维持其在全球市场的地位。

第二，生产成本的上升使印度橡胶产业面临的重大挑战。劳动力成本逐年增加，特别是在经济较发达地区，生产成本显著上升。同时，土地资源有限且价格不断攀升，使得橡胶种植的初始投入变得更加昂贵。为了提高产量和竞争力，农民需要增加化肥、农药和现代化设备的投入，但这些投入并未能通过橡胶价格的上升得到相应的补偿，导致利润空间进一步被压缩。

第三，环境保护和可持续发展的压力日益增加。橡胶种植需要大面积的土地，这往往导致森林被砍伐和生物多样性减少。国际社会和环保组织对环境保护的关注不断加强，促使印度政府和企业在环境保护方面投入更多资源，以符合日益严格的国际环保标准和要求。采取可持续的种植方式和生态保护措施，虽然有助于长期发展，但在短期内增加了生产成本和管理难度。气候变化对橡胶种植的影响亦不容忽视。极端天气如干旱、洪水和异常气温对橡胶树的生长和乳胶产量具有直接影响。同时，气候变化可能导致病虫害频发，进而增加橡胶种植的管理难度和成本。这些环境因素的不确定性加大了种植天然橡胶的风险，使长期规划和投资变得更加复杂。

第四，技术创新的滞后是印度天然橡胶产业面临的另一重要问题。印度的大部分天然橡胶仍以初级产品形式出口，附加值较低，易受市场价格波动影响。印度仍需要在技术研发、产品创新和产业升级方面加大投入，以提高产品附加值和市场竞争力。

第五，国际贸易政策的不确定性也对印度橡胶产业构成了挑战。各国天然橡胶产品的进口关税、贸易壁垒和非关税壁垒的变化，对印度橡胶出口产生直接影响。例如，一些国家通过严格的环保和质量标准限制天然橡胶的进口，这要求印度出口企业不断提升产品质量和合规性，进而增加了生产成本和出口成本。

此外，印度天然橡胶产业还面临国内基础设施薄弱和供应链不完善的问题。橡胶种植地区往往分布在偏远地区，交通不便，物流成本高，影响了橡胶产品的及时运输和出口。这种基础设施的滞后性限制了产业的发展潜力，使印度在全球市场中的竞争力受到影响。

因此，印度需要制定一系列措施来克服这些困难并实现更好的发展。

首先，应加强农业技术研究和推广，提高农民的种植技能和管理水平，提高橡胶生产效率和产品质量。印度可以提供培训和技术支持，促使农民采用现代化的种植方法和管理实践，提高橡胶产量和质量。

其次，印度应加强天然橡胶产业的加工能力和技术创新。例如，通过引进先进的橡胶加工技术和设备，提高生产效率和产品质量。同时，鼓励橡胶加工企业进行研发和创新，开发高附加值的橡胶制品，以提升印度橡胶产业的竞争力。

再次，印度可以加强与其他国家的合作，促进技术交流和合作研发。与橡胶生产和加工水平先进的国家合作，引进其先进技术和管理经验，提升印度橡胶产业的整体水平。同时，积极参与国际橡胶市场，扩大出口市场份额，提高印度橡胶产品的国际竞争力。

最后，印度应注重可持续发展，推动绿色橡胶产业的发展。例如，加强环境保护和资源可持续利用，减少橡胶生产过程中的环境污染和资源浪费；鼓励农民采用可持续种植方法，提高资源利用效率，推动天然橡胶产业向低碳、环保的方向发展。

此外，印度还应加强对橡胶农民的支持和保护。制定相关政策和措施，保障农民的利益，提供贷款和补贴支持，提高农民的生产热情和积极性。同时，加强橡胶市场监管，打击假冒伪劣产品，维护橡胶产业的良性发展环境。

综上所述，印度的天然橡胶产业在种植规模、产量和市场地位方面取得了一定的进展。然而，印度天然橡胶产业在面临挑战的同时也有着广阔的发展机遇。通过政府的支持、技术创新和国际合作，印度的橡胶产业有望实现进一步发展，提高产量和质量，并在全球橡胶市场中发挥重要作用。

5.1.6 菲律宾

菲律宾是一个拥有丰富天然橡胶资源的国家，天然橡胶产业在该国经济发展中具有重要的战略地位。天然橡胶作为一种重要的农产品，在促进菲律宾农业发展、增加就业机会、提升国际竞争力等方面发挥了重要作用。

菲律宾天然橡胶产业在其国民经济中占据重要地位。菲律宾拥有适宜的气候和土壤条件，适应种植天然橡胶。天然橡胶在种植和加工过程中能够创造大量的就业机会，为劳动者提供稳定的收入来源。天然橡胶的出口也对菲律宾的贸易收入起着重要的支撑作用，促进了其经济的发展和外汇的增加。

菲律宾天然橡胶产业在全球发展战略地位上面临复杂且交织的挑战，这些挑战涉及市场需求、生产成本、环境保护、气候变化和技术创新等多个方面，对产业的长期发展和国际竞争力形成了极大压力。

一是全球市场需求的不稳定性给菲律宾天然橡胶产业带来了显著的不确定性。虽然天然橡胶在轮胎制造和医疗用品等领域有着稳定的需求，但全球经济增长的放缓，尤其是主要消费国和地区如中国、美国和欧盟的经济波动，使得橡胶价格经常波动。同时，合成橡胶技术的进步和生产成本的降低，使其在许多应用中逐渐替代天然橡胶，这对菲律宾天然橡胶的市场份额构成了巨大竞争压力。

二是生产成本的上升使菲律宾橡胶产业面临的重大挑战。劳动力成本的增加，尤其是在经济较发达地区，导致生产成本逐年上升。同时，土地资源有限且价格不断攀升，使得橡胶种植的初始投入变得更加昂贵。为了提高产品产量和竞争力，农民需要增加化肥、农药和现代化设备的投入，但这些投入并未能通过橡胶价格的上升得到相应的补偿，利润空间因此被进一步压缩。

三是环境保护和可持续发展的压力也在不断增加。橡胶种植需要大面积的土地，这往往导致森林被砍伐和生物多样性减少，而国际社会和环保组织对环境保护的关注不断加强，促使菲律宾政府和企业在环境保护方面投入更多资源，以符合日益严格的国际环保标准和要求。采取可持续的种植方式和生态保护措施，虽然有助于长期发展，但在短期内增加了生产成本和管理难度。

四是气候变化对橡胶种植的影响不容忽视。极端天气如干旱、洪水和异常气温对橡胶树的生长和乳胶产量具有直接影响。同时，气候变化可能导致病虫害频发，增加了橡胶种植的管理难度和成本。这些环境因素的不确定性加大了种植天然橡胶的风险，使得长期规划和投资变得更加复杂。

五是技术创新的滞后是菲律宾天然橡胶产业面临的另一个重要问题。菲律宾在橡胶加工和生产技术上相对落后，相比之下，一些主要竞争国家在橡胶制品研发和高附加值产品生产上投入更多，因此菲律宾需要在技术研发、产品创新和产业升级方面加大投入，以提高产品附加值和市场竞争力。

六是国际贸易政策的不确定性对菲律宾橡胶产业构成了挑战。各国对天然橡胶产品的进口关税、贸易壁垒和非关税壁垒的变化，对菲律宾橡胶出口产生直接影响。例如，一些国家通过严格的环保和质量标准限制天然橡胶的进口，这要求菲律宾出口企业不断提升产品质量和合规性，增加了生产和出口成本。

此外，菲律宾天然橡胶产业还面临基础设施和供应链问题。菲律宾的橡胶种植区大多位于偏远地区，交通不便，物流成本高，影响了橡胶产品的及时运输和出口。这种基础设施的滞后性限制了产业的发展潜力，使菲律宾在全球市场中的竞争力受到影响。

为了提升天然橡胶产业的战略地位，菲律宾可以采取以下策略：

首先，政府应加大对橡胶农民的支持和培训力度，提供种植技术、市场信息和金融支持，帮助他们改善种植和管理技能，提高天然橡胶产量和质量。菲律宾还应加强对橡胶种植区域的基础设施建设，改善交通和灌溉条件，降低生产成本并提高农民的生活条件。

其次，菲律宾可以加强国际合作，吸引外资和技术进入天然橡胶产业。例如，与橡胶生产技术领先的国家建立合作关系，引进先进的橡胶种植、加工和销售技术，提高橡胶产品附加值和竞争力。同时，与国际橡胶组织和贸易伙伴加强合作，促进橡胶产品的国际贸易，以及拓展市场。另外，菲律宾可以通过加强科研和创新，提升橡胶产业的技术水平和竞争力。菲律宾应鼓励科研机构和企业合作，开展橡胶新品种培育和生产技术改进的研究，并推动知识产权保护和技术转移。通过技术创新，菲律宾可以提高橡胶产业的产量和质量，开发具有特色和附加值的橡胶产品。

最后，菲律宾应注重可持续发展，在橡胶产业中注重环保和社会责任。加强环境保护措施，减少橡胶种植对生态系统的影响，推广可持续农业实践，促进生态保护与经济的协调发展。同时，关注橡胶种植者和工人的权益，提供良好的劳动条件和社会保障，提高橡胶产业的可持续性和社会形象。

综上所述，菲律宾天然橡胶产业面临着一些挑战，如种植面积有限、技术研究不足和市场竞争激烈等问题。然而，菲律宾也拥有适宜的气候和土壤条件、政府支持和劳动力成本低等优势。通过加强科学研究、技术创新和与国际市场的合作，菲律宾天然橡胶产业有望获得进一步发展，实现可持续发展。

5.2　新时期中国天然橡胶产业发展的战略地位及形势

5.2.1　中国天然橡胶产业发展的战略地位

天然橡胶作为一种重要的农产品和工业原材料，对中国的经济增长、产业升级、农村发展、环境保护和国家战略等方面具有重要影响。

近年来，我国的天然橡胶进口依存度一直在70%以上。据统计，2022年我国天然橡胶进口依存度约为76.85%。天然橡胶作为中国的战略性物资，过度依赖进口，势必会影响国内天然橡胶及相关产业的安全，因此天然橡胶产业对于保障国内橡胶需求、促进产业升级和提高国际竞争力至关重要，对我国的经济增长也具有重要的影响。

首先，发展天然橡胶产业可以带动相关产业链的发展，包括橡胶种植、加工、物流和贸易等领域，形成完整的产业体系。同时，天然橡胶产业的发展还能够增加农民收入、提供就业机会，推动农村地区的经济发展。

其次，天然橡胶产业对于中国产业升级和技术创新具有重要影响。在全球橡胶产业链中，中国主要处于初级加工环节，高端加工和创新能力相对较弱。通过发展天然橡胶产业，中国可以加强对原材料供应链的控制和技术创新，提高橡胶加工技术水平和产品附加值。这对于推动中国橡胶产业从低端加工向高端制造升级具有重要意义，也可提升产业核心竞争力和国际影响力。

最后，天然橡胶产业对中国农村发展起着重要支撑作用。天然橡胶主要种植在中国南部的热带和亚热带地区，这些地区多为农村地区。发展天然橡胶产业可以为农民提供就业机会，改善农民收入和生活水平。通过种植橡胶树，农业由传统农业向现代农业转型，实现经济的转型和农民收入的增加。同时，天然橡胶产业的发展也能够促进农村基础设施的建设，改善交通、通信等条件，提高农村地区的发展潜力和竞争力。

此外，天然橡胶产业对中国的环境保护和可持续发展也具有重要意义。天然橡胶的种植和加工过程需要大量土地和水资源，并且会产生废弃物和排放物。因此，发展天然橡胶产业需要注重环境保护，采取绿色生产方式和循环经济模式，以减少资源消耗和环境污染。对此，中国政府制定了一系列的环境保护政策和标准，鼓励橡胶企业采取环保措施，加强废水、废气和固体废弃物的处理和回收利用。通过可持续发展，中国可以实现天然橡胶产业的长期稳定发展，同时减少对环境的影响，并保护生态环境。

在未来，为了进一步提升天然橡胶产业的战略地位，中国可以采取以下措施：

第一，加强政策引导和支持。可以制定有利于天然橡胶产业发展的政策，包括财政补贴、税收优惠、土地政策等，鼓励企业和农民进入天然橡胶产业。例如，为保证国内天然橡胶供给安全、稳价橡胶价格以及保护胶农的利益，需不断完善天胶橡胶扶持政策。2023 年 2 月，中共中央、国务院印发《关于做好 2023 年全面推进乡村振兴重点工作的意见》，明确了完善天然橡胶扶持政策。同时，加大投资力度，支持科技研发和技术创新，提升橡胶产业的技术水平和竞争力。

第二，加强科技创新和人才培养。通过加强与科研机构和企业的合作，推动橡胶种植、加工和利用技术的创新。同时，加强技术培训和人才培养，提高从业人员的专业素养和创新能力，为天然橡胶产业的可持续发展提供人才支持。

第三，加强国际合作与交流。中国可以加强与橡胶产业主要进口国和消费国的合作与交流，分享经验、技术和市场信息。通过加强国际的政策对接和标准统一，促进贸易便利化和产业合作。

第四，注重生态环境保护和可持续发展。中国可以加强环境监测和治理，加大环境保护投入，减少橡胶产业对土地、水资源的消耗，优化生产过程，减少污染物的排放量。同时，推动循环经济发展，提高资源利用效率和废弃物的综合利用，实现橡胶产业的可持续发展。

第五，中国可以加强监管和规范管理。建立健全监管体系，加强对橡胶产业的监督和管理，确保产业合规运行和质量安全。完善行业协会和企业的自律机制，提高行业内部的管理水平，促进行业健康发展。

此外，中国还可以加大市场开拓和品牌建设的力度。通过提高天然橡胶产品的质量和竞争力，加大品牌宣传和市场推广的力度，扩大国内外市场份额。中国还可以积极参与国际橡胶交易，建立稳定的供应链和销售网络，提高天然橡胶的国际竞争力。

5.2.2　中国天然橡胶产业发展的总体形势

5.2.2.1　中国橡胶产业的宏观环境

（1）国际形势影响分析

俄乌冲突后，全球大宗商品价格全面上涨，油价近八年来首次突破 100 美元，间接导致天然橡胶业运营成本上升。随着油价上涨，全球高通胀压力也在迅速上升。未来几年，天然橡胶业产业链上的上下游企业将面临更大的压力。同时，受新冠疫情影响，世界经济复苏艰难，全球生产和供应周期不畅，全球天然橡胶业也在积极寻找新发展思路。从总体上看，虽然我国的发展面临着需求萎缩、供给冲击和预期减弱的压力，但长期以来天然橡胶业的基本情况没有改变，发展韧性好、潜力充足、空间大的特点没有改变。

（2）发展环境分析

2022 年，天然橡胶产业的发展环境不断得到改善，新的市场主体不断涌现。《中华人民共和国 2021 年国民经济和社会发展统计公报》显示，2021 年全年国内生产总值为 1143670 亿元，比上年增长 8.1%，两年平均增长 5.1%。我国经济规模超过 110 万亿元，达到 114.4 万亿元，人均 GDP 突破 8 万元，按年均汇率计算达到 12551 美元，超过世界人均 GDP 水平。在此期间，天然橡胶产业稳步发展并保持增长势头。2021 年，新的税费减免项目和北京证券交易所的推出，也为天然橡胶行业开辟了一个新的天地，可供其直接融资。此外，受新冠疫情的影响，中国积极扩大内需，大力推进供给侧结构性改革，天然橡胶产业结构调整和转型升级取得新进展。

（3）经济结构分析

第一，天然橡胶业市场化程度逐步提高。从上游供应到市场部署企业通过资本市场实现兼并、破产和重组，产业布局呈现资源（资金、技术、人才）向东南演进、集中、转移的趋势，天然橡胶行业的优势逐渐显现。

第二，国家大力支持天然橡胶产业。从产业结构来看，我国的天然橡胶业有许多子产业，产业链体系相对完整；从产业布局看，大企业集中在大城市，中小企业集中在县、镇、乡，形成产业集群，基本形成相互协调、相互支持的格局。

第三，内需是主要驱动力。随着国民经济的快速增长和居民支配收入的提高，国内对天然橡胶业的消费需求仍有很大的增长空间，这将是该行业发展的主要动力。

（4）政策环境分析

近年来，我国陆续颁布了一系列政策促进天然橡胶行业的发展，如 2022 年中共中央、国务院印发《关于做好 2022 年全面推进乡村振兴重点工作的意见》，探索开展糖料蔗完全成本保险和种植收入保险，开展天然橡胶老旧胶园更新改造试点。受自然条件制约，国内天胶橡胶自给率较低，为保证国内天然橡胶供给安全、稳价橡胶价格以及保护胶农利益，有必要不断完善天胶橡胶扶持政策。2023 年 2 月，中共中央、国务院印发《关于做好 2023 年全面推进乡村振兴重点工作的意见》，明确完善天然橡胶扶持政策。

5－1 中国天然橡胶行业相关政策分析

发布/成文时间	发布部门	政策名称	重点内容
2015.02	中共中央国务院	《关于加大改革创新力度加快农业现代化建设的若干意见》	科学确定主要农产品自给水平，合理安排农业产业发展优先序。启动实施油料、糖料、天然橡胶生产能力建设规划
2017.02	国务院	《全国国土规划纲要（2016—2030年）的通知》	发展高产速生天然橡胶种植，提高苹果、柑橘等优势果品产业基地竞争力
2017.04	国务院	《关于建立粮食生产功能区和重要农产品生产保护区的指导意见》	加强天然橡胶生产基地建设，加快老龄残次低产低质胶园更新改造，强化胶树抚育和管护，提高橡胶产出水平和质量
2018.10	国务院	《中国（海南）自由贸易试验区总体方案》	建设以天然橡胶为主的国际热带农产品交易中心、定价中心、价格指数发布中心。设立热带农产品拍卖中心。支持完善跨境消费服务功能
2019.02	中共中央国务院	《中共中央国务院关于坚持农业农村优先发展做好“三农”工作的若干意见》	在提质增效基础上，巩固棉花、油料、糖料、天然橡胶生产能力
2020.11	中国橡胶工业协会	《橡胶行业“十四五”发展规划指导纲要》	“十四五”期间，橡胶工业总量要保持平稳增长，但年均增长稍低于现有水平，继续稳固中国橡胶工业国际领先的规模影响力和出口份额，争取“十四五”末（2025年）进入橡胶工业强国中级阶段
2021.11	国务院	《“十四五”推进农业农村现代化规划》	实施农产品进口多元化战略，健全农产品进口管理机制，稳定大豆、食糖、棉花、天然橡胶、油料油脂、肉类、乳制品等农产品国际供应链

续 表

发布/成文时间	发布部门	政策名称	重点内容
2022.02	中共中央国务院	《关于做好2022年全面推进乡村振兴重点工作的意见》	探索开展糖料蔗完全成本保险和种植收入保险。开展天然橡胶老旧胶园更新改造试点
2023.02	中共中央国务院	《关于做好2023年全面推进乡村振兴重点工作的意见》	强调"完善天然橡胶扶持政策"

5.2.2.2 中国橡胶产业行业环境分析

(1) 产业链分析

天然橡胶行业产业链上游主要为橡胶种植行业（田园胶水、杯胶及生胶片）及橡胶加工设备（橡胶塑炼设备、橡胶成型设备、橡胶硫化设备等）；中游为天然橡胶生产加工环节；下游为橡胶制品，包括轮胎、胶黏剂、乳胶手套、胶管、胶鞋等。

天然橡胶是从橡胶树上采集的天然胶乳加工制备而成，因此橡胶树的种植情况直接决定着天然橡胶的产量。目前，我国天然橡胶种植面积超过1700万亩，主要分布在云南、海南等地，种植面积位居全球前列，但是我国天然橡胶消耗量巨大，仍然不能满足需求。同时，胶园更新种植有利于新品种新模式推广应用，是实现产业可持续稳定发展的重要举措之一，能显著提高单产水平和土地利用率，但我国胶园更新速度明显偏慢，在一定程度制约了天然橡胶产业的发展。

从下游市场来看，轮胎仍是天然橡胶需求量最大的领域。随着近年来我国汽车工业的发展，市场对天然橡胶的需求也在不断增长，同时我国汽车保有量也保持着稳定增长态势，将催生更多的轮胎替换需求，进而促进天然橡胶产业的发展。

(2) 发展历程分析

我国初次引种天然橡胶距今已有百余年历史。1904年德宏土司刀安仁从新加坡引入8000多棵巴西三叶橡胶树，种植在云南省盈江县新城乡凤凰山上。从那以后，一些爱国华侨和有识之士又多次引进橡胶树苗，并在中国海南、广东、云南等地成功栽种。截至1949年，国内已经有各类型小胶园4.2万亩，橡胶树达120万株。1950年以来，中国天然橡胶产业发展有起有伏，主要经历了以下6个阶段。

大规模植胶起步阶段（1950—1957年）：1950年朝鲜战争爆发，以美国为首的帝国主义对中国实行经济封锁，天然橡胶被禁运。1951年8月，中央人民政府做出“关于扩大培植橡胶树”的决定。1951年10月，华南垦殖局成立。1952年初，天然橡胶研究会成立。1953年1月，林业部云南垦殖局成立。到1957年底，中国橡胶树实有面积达到18.14万亩。

初期植胶高潮阶段（1958—1965年）：受“大跃进”影响，植胶区掀起高指标、快速度、大增人、大建场、大开荒、大种胶的高潮。1961—1962年，农垦部要求各农垦植胶区狠抓发展速度调整。1963—1965年为生产黄金期，中国天然橡胶发展取得显著成效。到1965年底，中国橡胶树实有面积达到265.02万亩。

曲折的发展阶段（1966—1978年）：受“文化大革命”影响，天然橡胶生产发展缓慢。1969年3月和1970年3月，随着广东和云南生产建设兵团的成立，当地掀起又一次“大发展”的高潮，开荒种植的面积很大，但保存率不足30%。1975—1978年，国家主要是恢复科学种胶、管胶和割胶的技术规程，同时做好前几年大发展胶园补换植工作。到1978年底，中国胶树实有面积达到552.05万亩。

坚持改革发展阶段（1979—2001年）：1984—1989年，中国针对天然橡胶发展提出“巩固提高、适当发展”的方针，在59个国有农场和6个场并村实施60万亩新种和更新项目。1990—2001年，国家进一步明确对天然橡胶生产采取“保护扶持、巩固提高、适当发展”的方针。到2001年底，中国橡胶树实有面积达到942.05万亩。

加速发展阶段（2002—2011年）：加入世贸组织后，我国的橡胶工业飞速发展。2003年，中国成为世界最大的天然橡胶消费国和进口国。2007年，国务院办公厅发布《关于促进我国天然橡胶产业的意见》。中国橡胶产业出现了国有民营两翼齐飞、境内境外共同发展的良好局面。到2011年底，中国橡胶树实有面积达到1621.97万亩。

价格低谷阶段（2012—至今）：受全球经济低迷等多种因素影响，2011年之后天然橡胶市场价格持续下跌，至2016年下半年天然橡胶价格经历了一个短暂的快速上涨期，2017年2月达到近五年最高水平，之后大幅下跌。2018年以来，天然橡胶价格较平稳。价格低迷导致胶工、胶农弃胶改行，胶园推迟割胶，弃管、弃割的现象比较普遍。

（3）供需分析

世界天然橡胶的发展主要依赖于经济的发展，近年来欧美等多数发达国家的天然橡胶的需求量基本上保持稳定，亚洲和美洲的一些发展中国家，尤其是中国、印度、巴西等国家，由于经济发展较快，天然橡胶需求量呈现增长态势。从产量来看，泰国、印度尼西亚、越南等天然橡胶生产大国近年来不断扩大橡胶种植面积。2021年，全球天然橡胶产量1341万吨，需求量1327万吨，全球天然橡胶仍处于供应大于需求的阶段。

整体来看，我国的天然橡胶种植面积有限，自然条件与东南亚国家略有差距。国家统计局的统计数据显示：2021年中国天然橡胶产量为87.16万吨，2022年国内天然橡胶产量在81.84万吨左右。2022年，我国进口天然橡胶263.61万吨，出口2.42万吨，表观需求量343.03万吨。

近年来，我国的天然橡胶进口依存度一直在70%以上。据统计，2022年我国天然橡胶进口依存度约为76.85%。天然橡胶作为战略性物资，过度依赖进口，势必会影响我国天然橡胶及相关产业的安全，因此我国亟须采取措施提升国内天然橡胶供给能力。

从进口来源地来看，我国天然橡胶来源地有30多个，但高度集中于泰国、老挝、马来西亚、科特迪瓦、越南等地。2022年，我国从泰国进口天然橡胶113.22万吨，占比达42.95%；从以上五国合计进口223.76万吨，占比高达84.88%。天然橡胶的来源过于集中容易造成供应风险，因此我国需不断优化进口方式，实现天然橡胶进口多元化，将目光分配到自然条件好、未开垦土地资源多的国家，如柬埔寨等国家，以丰富天然橡胶来源，避免因天然橡胶来源过度集中带来的风险。

从进口收货地来看，我国天然橡胶进口收货地主要集中于山东、浙江、上海等橡胶制品工业比较发达的地区。2022 年，山东省进口天然橡胶 102.76 万吨，占进口总量的 38.98%。同时，随着“替代种植”免税指标增大，云南省作为中国天然橡胶主要进口通道的地位日益突出，2022 年云南省进口天然橡胶 45.51 万吨，占进口总量的 17.26%。

（4）促进与阻碍因素分析

第一，促进因素分析。

一是天然橡胶的作用日益突出，国家高度重视其供给保障。天然橡胶是与粮、棉、油并列的重要农产品，又与钢铁、石油、煤炭并称为四大工业原料，在全球资源竞争中占据重要地位，尤其是高性能特种胶在航空航天、轨道交通和海洋装备等方面的作用不可替代。国家高度重视天然橡胶供给保障，现阶段，天然橡胶产业支持政策主要有国家天然橡胶生产能力（基地）建设项目、林业补贴、良种良法补助、“保险 + 期货”政策、农机购置补贴、战略资源储备补贴等。

二是中国是世界第一轮胎生产国，这为天然橡胶行业的发展提供了强大后盾。我国作为世界第一的天然橡胶消费大国，市场需求巨大。轮胎工业是天然橡胶最大的消费大户，中国是世界第一的轮胎生产国，这种现实需求给国内天然橡胶行业的发展提供了强大后盾。经济危机以来，很多国外橡胶企业的效益不如从前，其对上游资源的控制逐渐减弱，甚至寻求同中国企业的合作，以开拓中国的市场。

三是科学研究成果显著，为天然橡胶产业发展提供了支撑。在一系列政策措施的支持和引导下，有关天然橡胶产业的科学研究不断取得突破性进展。在育种方面，选育出热研 7－33－97 等一批具有自主知识产权的高产抗逆品种；在栽培抚管方面，探索出精准施肥、胶园杂草控制、抗逆栽培等技术；针对割胶环节，我国科学家不断研发出更加高效、便捷、可持续的割胶技术，不断创新低频超低频刺激割胶技术、气刺短线割胶技术、超低频割胶技术、死皮防控技术等；在病虫害防控方面，我国橡胶树病虫害预测预报、统防统治技术走在世界前列，其中白粉病预测预报准确率达 87% 以上。此外，在生产机械、木材加工、特种胶、无氨浓缩胶乳等天然橡胶产品初加工和产品改性环节等方面取得了长足进步。

第二，阻碍因素分析。

一是竞争激烈，生产要素和资源的竞争压力不断加大。随着我国经济的快速发展，各个行业在资金、土地、劳动力等生产要素方面的竞争日趋激烈。天然橡胶产业在资金回笼速度方面明显慢于其他农产品或工业产业，各植胶农场在资金筹措方面遇到不少困难，同时在土地资源方面也面临激烈的竞争。天然橡胶产业是劳动密集型产业，近年来我国劳动力价格快速上升，导致我国天然橡胶的生产成本明显高于印度尼西亚、泰国、越南等产胶国，进而导致国际竞争力下降。

二是受国内宜植胶土地资源约束，天然橡胶种植空间有限。天然橡胶产业属于典型的资源约束型产业，受自然环境和植地范围的限制，国内仅云南、海南和广东的部分地区适宜种植天然橡胶。目前，国内宜植胶土地资源已基本开发利用，通过扩大种植规模提升天然橡胶产量的空间十分有限。

三是胶园的气候适应能力相对弱，风险抵御能力较差。白粉病是影响橡胶树生产的主要病害，其发生和流行主要受物候期、气象和病原数量等因素的影响，及时采取防治措施能有效减轻白粉病对橡胶树的危害。近年来的异常气候导致橡胶树白粉病发生率有所上升，如 2020 年和 2022 年海南产区、2021 年云南西双版纳产区遭遇白粉病大流行，开割时间整体大幅延后。我国天然橡胶产业结构以民营为主，其胶园面积超过 60%。大多民营企业对气候灾害、气候变化的适应性能力较差，病虫害防治不及时、不充分，导致橡胶开割时间延迟，原料市场有价无市，原料供应紧缩，初加工厂开工不足。

（5）行业壁垒分析

①资源壁垒。

天然橡胶是资源约束型产业，我国适宜种植天然橡胶的地区面积非常有限，目前海南橡胶等大型天然橡胶企业已经具备较强的胶林资源掌控力。

②管理经验壁垒。

天然橡胶生长周期长达 30 年以上，种苗繁育、中小苗抚管、割胶技术管理等环节紧密联系。同时，天然橡胶的管、养、割等环节在现阶段仍然需要大量劳动力，且作业区分散，生产组织和管理的难度较大。而天然橡胶基地的建设和管理经验是长期积累形成的，行业外的企业难以凭借资金优势获得。

③资金壁垒。

天然橡胶行业是高投入行业。首先，建设天然橡胶基地，需要较大的资金；其次，天然橡胶行业投资回收期长，这不但降低了资金使用率，而且会占据大量的资金，导致资金回收期长，资金需求量大。

（6）行业竞争格局分析

现阶段，我国天然橡胶行业的重点企业有海南橡胶、中化国际等。其中，中化国际以贸易起家，在国内有完备的销售网络，是国际化水平最高的中国企业之一，其天然橡胶业务覆盖天然橡胶从种植、生产加工到贸易分销的全产业链。2022 年，中化国际实现营业收入 874.49 亿元，其中天然橡胶业务营业收入为 181.21 亿元，占比 20.72%。

海南橡胶拥有国内最大的胶园种植面积，在胶林资源、业务规模、生产组织、管理经验、技术积累、生产产能、市场营销等方面，均具有明显的竞争优势，其行业龙头地位和作用十分突出。2022 年，海南橡胶实现营业收入 153.71 亿元，其中橡胶产品营业收入为 147.09 亿元，占比 95.69%。

2022 年 11 月 16 日，海南橡胶发布公告，拟以现金方式，通过境外 SPV 协议收购中化新（中化国际全资子公司）持有的哈尔冰空调股份有限公司（以下简称“HAC 公司”）36.00% 的股权。

HAC 公司主要从事天然橡胶和乳胶的种植、加工、销售及贸易等业务，拥有大量海外客户资源以及海外天然橡胶种植园。交易完成后，海南橡胶将得以获取天然橡胶及乳胶的海外加工产能和 HAC 公司的下游客户资源。海南橡胶核心竞争力、行业影响力以及战略资源安全保障能力显著提升。

（7）发展趋势分析

①发展前景广阔。

天然橡胶资源的稀缺性、应用的广泛性，尤其在国防军工等特定领域的不可替代性，决定了天然橡胶的战略性。随着我国经济的不断发展，建筑、交通、国防军工、日用品行业规模的持续扩张，天然橡胶行业发展前景十分广阔。

②进口局势仍将持续。

我国是天然橡胶的消费大国，但由于种植面积等因素的影响，我国天然橡胶的供应量远不能满足国内市场的需求，虽然近年来我国一直在加大橡胶树的种植力度，但是由于橡胶树一般需要种植 7 ~ 8 年之后才能开始割胶，因此可以预见，在未来一段时间内，我国仍需靠大量进口满足国内市场需求。

③高性能产品低量化。

近年来，随着橡胶配合剂及炼胶工艺的快速发展，以及全钢子午胎的研究成功，已可以使用成本更低的天然橡胶产品来生产出符合性能要求的轮胎，因而轮胎行业对高性能、高成本的天然橡胶产品的需求正在逐渐下降。

（8）战略安全分析

天然橡胶是一种重要的战略物资，与煤炭、钢铁、石油并称为四大基础工业原料，广泛用于汽车轮胎、医疗卫生、航空航天等领域，在国民经济和国防安全中具有十分重要的地位和作用。新中国成立时，我国的天然橡胶事业几乎一穷二白，以美国为首的西方国家对中国实行经济封锁和物资禁运，天然橡胶被划为禁运物资。为了打破西方国家的封锁，国家做出了建立自己的橡胶生产基地的决策，在我国南方地区开荒种植橡胶，打破了西方权威关于北纬 15°以北不能种植橡胶的论断，在北纬 18° ~24°大面积种植橡胶并获得成功。

从这以后，我国天然橡胶产量快速增长，到 2013 年跃居世界第四位。但是，随着我国经济社会的快速发展，特别是改革开放以来的飞速发展，我国天然橡胶的产量仍然远远满足不了国内需求，需要大量从国外进口。近年来，我国的天然橡胶进口依存度一直在 70% 以上。据统计，2021 年我国天然橡胶进口依存度为 74. 32% 。

天然橡胶作为战略性物资，过度依赖进口，势必会影响国内天然橡胶及相关产业的安全，因此保障天然橡胶的稳定供给关系到整个产业的安全乃至国家的安全。

5.3　新时期云南省天然橡胶产业发展战略地位及形势

5.3.1　云南省天然橡胶产业发展的战略地位

（1）云南省天然橡胶产业在中国乃至全球的地位

近年来，随着全球经济和工业的发展，天然橡胶的需求呈现持续增长态势。中国作为世界上最大的天然橡胶消费国，天然橡胶产业的发展对国家经济和社会具有重要的战略意义，而云南拥有与周边产胶国接壤、铁路开通的区域运输便利以及民族文化同根同源的地缘优势。

（2）产量及质量优势

云南省是中国最大的天然橡胶产区，天然橡胶产量占据国内天然橡胶产量的80%以上。云南省地处热带和亚热带地区，气候条件适宜橡胶种植，加之拥有世界上最大的橡胶种质资源库，云南省具有得天独厚的发展优势。此外，云南省天然橡胶在品质方面具有较高的国际声誉，享有“云橡”品牌效应。

（3）国际合作与交流

云南省天然橡胶产业在全球范围内积极开展合作与交流。一方面，云南省与主要橡胶生产国家，如泰国、印度尼西亚、马来西亚等建立了良好的合作关系，共同推动全球橡胶产业的可持续发展。另一方面，云南省加强与国际橡胶研究机构和企业的技术交流与合作，引进国际先进技术，提升产业技术水平。

（4）云南省天然橡胶产业的战略意义

天然橡胶是一种战略资源，在国防、交通、医疗等领域有着广泛应用。云南省作为中国最大的天然橡胶产区，对保障国家经济安全具有重要意义。随着全球经济一体化程度的加深，橡胶资源供需矛盾可能加剧，云南省天然橡胶产业的稳定发展将为中国提供有力的资源支持。

（5）促进地区经济发展

天然橡胶产业是云南省农业经济的支柱产业之一，对推动地区经济增长、提高农民收入具有重要作用。通过发展天然橡胶产业，云南省可以提高农产品附加值，改善农村经济结构，助力乡村振兴战略。

（6）推动产业结构优化升级

云南省天然橡胶产业具有较为完整的产业链，发展潜力巨大。通过进一步优化产业结构，提升产业链层次，云南省有望在全球橡胶产业中获得更高的附加值。此外，云南省还可以借力天然橡胶产业，发展相关产业，如生物医药、新材料等，实现产业多元化发展。

（7）提升国际竞争力

云南省天然橡胶产业在全球市场具有较高的竞争力。随着全球供需格局的变化，云南省有望在国际橡胶市场中占据更大的份额。通过加强国际合作与交流，云南省可以提升天然橡胶产业的国际竞争力，为中国经济的发展注入新动力。

综上所述，云南省天然橡胶产业在中国乃至全球具有重要的战略地位。云南省不仅是中国最大的天然橡胶产区，而且在全球市场具有一定的影响力。针对未来的发展，云南省应继续深化产业改革，优化产业结构，提升产业技术水平，积极参与国际合作与交流，助力天然橡胶产业实现可持续发展。

5.3.2 云南省天然橡胶产业对云南省经济发展的贡献

（1）产值贡献

云南省橡胶种植面积不断扩大，产量逐年攀升。随着种植技术的提高和优良品种的推广应用，橡胶种植的单产水平也得到了提升。这使得云南省橡胶种植业的总产值不断增长，为云南省农业经济发展做出了显著贡献。

（2）橡胶加工产值贡献

云南省拥有完整的橡胶产业链，以橡胶种植为基础，发展了一批规模较大、技术水平较高的橡胶加工企业。这些企业通过对天然橡胶进行深加工，将原橡胶转化为各类橡胶制品，实现了橡胶产业附加值的提升。加工业的快速发展，为云南省经济增长做出了积极贡献。

（3）就业贡献

橡胶产业在云南省具有较强的就业吸纳能力。从种植、加工到制品生产，橡胶产业为云南省提供了大量的就业岗位。特别是在橡胶种植领域，橡胶产业为农村劳动力提供了稳定的就业机会，有助于解决农村剩余劳动力问题，缓解农村就业压力。

（4）外贸贡献

云南省天然橡胶在国际市场具有一定的竞争力，产品远销世界各地。随着国际贸易的不断扩大，云南省天然橡胶出口量逐年增加，橡胶产业为云南省外贸发展做出了积极贡献。此外，通过参与国际合作与交流，云南省天然橡胶产业得以引进国际先进技术，提升产业整体竞争力。

（5）产业带动

橡胶产业在云南省具有较强的带动作用。一方面，橡胶产业的发展促进了相关产业的发展，如化肥、农药、农机等农业生产资料产业，以及包装、运输、仓储等物流产业；另一方面，橡胶产业的发展为云南省新材料、生物医药等高新技术产业提供了基础支持。通过产业链的不断延伸与拓展，橡胶产业对云南省经济的带动作用将更加显著。

（6）提高农民收入

橡胶产业在云南省农村地区具有较高的收益，通过种植橡胶，农民可以长期获得稳定的收入。随着橡胶市场价格的波动，橡胶种植的收益有时甚至超过一般农作物。因此，橡胶产业对于提高农民收入具有重要意义。此外，橡胶加工企业可为当地提供就业岗位，使农民有机会在家门口就业，增加收入，有助于缩小城乡收入差距，促进农村地区经济社会的发展。

（7）绿色发展

橡胶产业具有生态效益，对于云南省的绿色发展具有积极作用。橡胶林具有良好的生态功能，可以保持水土、减少水土流失，提高土地的生产力。此外，橡胶林还能够吸收大量的二氧化碳，有助于减缓全球气候变暖的速度。因此，合理规划和发展橡胶产业，有助于云南省绿色发展目标的实现。

（8）持续发展

为了实现橡胶产业的可持续发展，云南省在橡胶产业发展过程中注重生态保护和资源利用。一方面，通过科学合理的规划和布局，控制橡胶种植面积，防止对生态环境造成过度开发和破坏。另一方面，推广绿色生产技术，提高橡胶种植和加工的资源利用效率，降低环境污染。同时，云南省还积极推广橡胶产业循环经济，将橡胶种植和加工过程中的副产品和废弃物利用起来，开发新的经济增长点。例如，利用橡胶树的树皮、树叶等生物质资源发展生物能源产业，提高资源的综合利用率。通过以上措施，云南省橡胶产业在促进经济发展的同时，兼顾生态环境保护和资源可持续利用，实现了产业的可持续发展。

综上所述，云南橡胶产业在产值贡献、就业贡献、外贸贡献、产业带动、提高农民收入等方面对云南的经济发展做出了显著贡献。未来，云南省应继续加大对橡胶产业的支持力度，优化产业结构，提升产业技术水平，发挥橡胶产业在促进绿色发展和可持续发展中的积极作用，为云南经济发展注入持续动力。

5.3.3 云南省天然橡胶产业在全球橡胶供应链中的地位

（1）品质地位

云南省天然橡胶以其优良的品质和稳定的供应在国际市场具有一定竞争力。云南省以高产优质的热带杂交橡胶树种为主，产品品质稳定，能够满足国际市场对橡胶的高品质需求。云南省的橡胶制品远销国际市场，赢得了国际客户的认可和信赖。

（2）技术地位

云南省在橡胶产业技术研发方面取得了一系列重要成果。云南省拥有全国唯一的橡胶产业科研教育基地——中国热带农业科学院橡胶研究所，为云南省橡胶产业技术创新和人才培养提供了有力支持。云南省在橡胶树种选育、种植技术、加工技术等方面取得了一系列具有国际先进水平的科研成果，为全球橡胶产业的发展做出了贡献。

（3）产业链地位

云南省天然橡胶产业链完整，涵盖了橡胶种植、加工、制品、科研、教育等各个环节。云南省拥有全国最大的橡胶原料生产基地，为上游橡胶制品企业提供了稳定的原料供应来源。同时，云南省橡胶制品加工产能不断扩大，产值逐年攀升，已经形成了具有一定规模的橡胶制品产业集群。此外，云南省还积极推动橡胶产业与其他产业的融合发展，使橡胶产业成为推动地区经济发展的重要引擎。

例如，与汽车、轮胎、航空、建筑、医疗等相关产业紧密结合，实现产业链协同发展，提升产品附加值。

5.3.4 云南省天然橡胶产业面临的困难

（1）国际竞争加剧

随着全球橡胶市场竞争日益激烈，云南省天然橡胶产业面临着来自东南亚等地的优质橡胶资源的竞争压力。

（2）环境保护压力

橡胶种植对土地资源的需求较大，过度开发可能导致土地资源枯竭和生态环境被破坏，云南省需在保护生态环境与发展橡胶产业之间寻求平衡。

（3）橡胶价格波动

橡胶价格受国际市场供求关系、政策调控等因素影响，价格波动较大。价格波动可能影响云南省橡胶产业的发展和农户的收入。

5.3.5 云南省天然橡胶产业与国家战略的契合度

云南省天然橡胶产业在国家战略中具有重要地位，其与国家战略的契合度主要体现在以下几个方面：

（1）“一带一路”倡议

云南省作为中国西南边疆的重要省份，地理位置优越，与东南亚、南亚等国家接壤，是“一带一路”倡议的重要节点。天然橡胶产业作为云南省的支柱产业之一，可以充分利用“一带一路”倡议带来的政策支持和市场机遇，加强与共建国家的经贸合作，拓展橡胶产品的出口市场，提升产业国际竞争力。

（2）乡村振兴战略

天然橡胶产业的发展对于云南省乡村振兴战略具有重要意义。橡胶种植和加工业为农村地区提供了大量的就业机会，可帮助农民增收致富。通过优化产业布局和结构，加强科技创新和人才培养，提高橡胶产业的附加值，有助于推动乡村经济发展和实现乡村振兴目标。

（3）生态文明建设

云南省生态资源丰富，天然橡胶产业在发展过程中需要充分关注对生态环境的影响，积极采用绿色种植、加工、生产技术，以减少对环境的负担。此外，循环经济和绿色产业发展，可为橡胶产业可持续发展奠定基础，有助于实现生态文明建设目标。

（4）创新驱动发展战略

创新驱动发展战略是国家未来经济增长的核心驱动力。云南省天然橡胶产业需要加强科技创新能力，推动产业技术升级，提高产品附加值。通过加大对橡胶产业科研项目的投入，支持企业进行技术改造和创新，培养专业化的橡胶产业人才，有助于实现云南省天然橡胶产业的高质量发展。

综上所述，云南省天然橡胶产业与国家战略的契合度较高，有望在国家政策支持和市场机遇下，实现可持续、绿色、高质量发展，为地区经济繁荣做出更大贡献。

5.3.6 云南省天然橡胶产业面临的竞争态势

云南省作为中国重要的天然橡胶产区，在国内外市场中具有举足轻重的地位。然而，随着全球经济一体化的加深和橡胶市场竞争的加剧，云南天然橡胶产业正面临着前所未有的挑战。下面将从国际竞争、国内竞争、产业链竞争以及竞争的内在因素四个方面，分析云南天然橡胶产业的竞争态势。

5.3.6.1 国际竞争

在国际市场上，云南天然橡胶产业面临着激烈的竞争，主要竞争对手包括东南亚国家（如泰国、印度尼西亚、马来西亚等）、非洲国家（如科特迪瓦、尼日利亚等）以及南美洲国家（如巴西）。这些国家在橡胶种植、生产、加工和出口方面具有较强的竞争力，对云南橡胶产业构成了严峻的挑战。

东南亚国家是全球天然橡胶的主要来源地之一，其以丰富的橡胶资源、低廉的劳动力成本和较高的生产效率为竞争优势。东南亚国家还积极推动橡胶产业的发展，通过政策扶持、科技创新等手段提高橡胶产业的国际竞争力。

非洲国家的天然橡胶产业亦具有一定的竞争优势。尽管非洲国家的橡胶产量相对较低，但其橡胶种植和生产成本较低，加之政府的支持政策，使得非洲橡胶产业在国际市场上具有较强的竞争力。

南美洲国家在天然橡胶产业方面也具有一定的优势。例如，巴西是全球第五大天然橡胶生产国，拥有世界上最大的原生橡胶林。巴西政府一直重视橡胶产业的发展，通过扶持政策、科技创新等措施，提升巴西橡胶产业的国际竞争力。

5.3.6.2 国内竞争

在国内市场上，云南天然橡胶产业同样面临着激烈的竞争，主要竞争对手包括海南、广西、广东等地的橡胶产业。这些地区在橡胶种植、生产和加工方面具有一定的优势，对云南橡胶产业构成了竞争压力。首先，海南是中国第二大天然橡胶产区，其橡胶种植面积和产量均仅次于云南。海南地处热带地区，气候条件适宜橡胶种植，加之政府的扶持政策，使得海南橡胶产业在国内市场具有较强的竞争力。其次，广西和广东等地的橡胶产业也具有一定的竞争优势。这些地区地处热带和亚热带地区，具有适宜的气候条件和丰富的橡胶资源。同时，广西和广东地区还拥有发达的交通基础设施和成熟的产业链，有利于降低橡胶生产和物流成本，提高产业竞争力。

5.3.6.3 产业链竞争

云南天然橡胶产业的竞争力还受到产业链上下游企业的影响。当前，云南橡胶产业链上下游企业之间的协同合作水平相对较低，导致整个产业链的竞争力有所下降。首先，云南橡胶种植企业多为中小企业，技术水平和管理水平相对较低，难以提高橡胶的产量和质量。此外，云南地区的橡胶种植区分散，种植企业之间缺乏有效的合作和资源共享，影响了产业链的协同效应。其次，云南橡胶加工企业的技术和装备水平相对落后，加工效率和产品质量难以达到国际先进水平。此外，云南橡胶加工企业之间竞争激烈，导致资源分散和产能过剩，影响了产业链的整体效益。最后，云南橡胶产业链上下游企业之间信息沟通和资源共享不足，导致整个产业链的反应速度和灵活性不足。在激烈的市场竞争中，云南橡胶产业链的竞争力还受到一定程度的制约。

5.3.6.4 竞争的内在因素

云南天然橡胶产业的竞争力不仅受到外部竞争对手的影响，还受到内部因素的制约，主要内在因素包括技术创新能力、产业政策、企业管理水平等。首先，技术创新能力是影响云南橡胶产业竞争力的关键因素。当前，云南橡胶种植和加工技术相对落后，创新能力不足。在国际市场上，云南橡胶产业难以与先进国家和地区的橡胶产业相抗衡。其次，产业政策对云南橡胶产业的竞争力具有重要影响。近年来，云南橡胶产业获得的支持力度有所下降，部分政策实施效果不明显。为提高云南橡胶产业的竞争力，有必要加大政策扶持力度，推动产业结构优化和技术升级。最后，企业管理水平也是影响云南橡胶产业竞争力的一个重要因素。目前，云南地区橡胶企业多为中小企业，管理水平参差不齐。为提高云南橡胶产业的竞争力，企业需加强管理创新，提高管理水平和生产效率。

总体而言，云南天然橡胶产业在国际、国内、产业链竞争以及竞争的内在因素方面均面临着严峻挑战。

5.3.7 云南省天然橡胶产业的政策环境

5.3.7.1 相关的政策支持

（1）财税扶持政策

云南省政府对橡胶产业的科研项目给予一定比例的财政资金支持，鼓励企业加大研发投入，提高橡胶产业的技术创新能力。对新建、改扩建的橡胶产业项目，在符合条件的前提下，按照国家有关政策给予一定的税收优惠政策。

（2）科技创新政策

云南省设立了橡胶产业科技创新专项资金，用以支持橡胶产业关键技术研究、产品创新、工艺改进等方面；出台橡胶产业科技创新项目计划，以推动产业技术升级，加强产学研合作，推动橡胶产业关键技术的研发和成果转化。

（3）人才培养政策

云南省政府与高校、科研院所等共建橡胶产业人才培训基地，培养研发、管理等方面的高素质人才，为橡胶产业发展提供人力资源保障。同时，启动各类人才计划，吸引海内外高层次橡胶产业人才回国创业，为橡胶产业发展提供技术和人才支持。

总体来说，云南省政府在产业发展、财税扶持、科技创新和人才培养等方面出台了一系列政策支持措施，为云南橡胶产业的可持续发展、转型升级和科技创新提供了有力保障。这些政策将有助于提升云南橡胶产业的整体实力，进一步增强橡胶产业的国际竞争力。

5.3.7.2 政策的积极影响

中央和云南省政府制定了一系列政策措施，以推动橡胶产业的可持续发展、转型升级和科技创新。这些政策的实施为云南橡胶产业带来了诸多积极影响，包括优化产业结构、促进技术进步、提升市场竞争力、推动绿色发展等。

（1）政策推动产业结构的优化

通过产业政策的引导，云南橡胶产业逐渐实现了从低端向中高端的转型升级。政府鼓励橡胶种植、加工、制品产业链的整合，优化产业布局，提高产业集约化水平。这使得云南橡胶产业逐步摆脱过度依赖原材料出口的局面，转向生产高附加值的橡胶制品，提升了产业的核心竞争力。

（2）政策促进技术进步

通过科技创新政策的支持，云南橡胶产业在关键技术研究、产品创新、工艺改进等方面取得了显著成果。例如，云南省政府投入专项资金支持橡胶产业关键技术研发，成功研发出适应高海拔、低温环境的优质橡胶树种，为橡胶种植区域的拓展提供了技术支持。此外，政府还支持橡胶加工技术研发，以提高橡胶产品附加值，促进产业转型升级。

（3）政策提高市场竞争力

财税扶持政策降低了企业的经营成本，提高了企业的盈利能力，从而增强了企业的市场竞争力。例如，政府对新建、改扩建的橡胶产业项目给予一定的税收优惠政策，以减轻企业的负担。同时，政府还为橡胶产业科研项目提供财政资金支持，鼓励企业加大研发投入，提高橡胶产业的技术创新能力。这些政策措施有助于提高云南橡胶产业的整体实力，进一步增强橡胶产业的国际竞争力。

（4）政策推动绿色发展

云南省政府高度重视橡胶产业的生态环境保护，通过制定绿色发展政策，推动橡胶产业实现可持续发展。例如，政府要求橡胶种植业实行精细化管理，推广绿色生产技术，减少化肥、农药等的投入，降低污染排放量。同时，还支持橡胶加工企业采用清洁生产技术，提高资源利用效率，减少废物排放。这些措施有利于保护橡胶产业的生态环境，实现产业与生态的和谐发展。

（5）政策在人才培养方面的积极作用

云南省政府与高校、科研院所共建橡胶产业人才培训基地，培养研发、管理等方面的高素质人才，为橡胶产业发展提供人力资源保障。同时，政府还启动橡胶产业人才培养计划，吸引海内外高层次橡胶产业人才回国创业，为橡胶产业发展提供技术和人才支持。这些人才政策有助于提高橡胶产业的人才素质，进一步增强产业的创新能力和竞争力。

综上所述，云南省政府出台的橡胶产业政策在产业结构优化、技术进步、市场竞争力提升、绿色发展和人才培养等方面产生了积极的影响。这些政策措施将有助于提升云南橡胶产业的整体实力，进一步增强橡胶产业的国际竞争力。

此外，在未来的发展过程中，企业和政府仍需共同努力，充分发挥政策的引导作用，推动云南橡胶产业实现可持续、绿色、高质量发展。

5.3.7.3 不足之处及建议

尽管云南省政府出台的橡胶产业政策在很大程度上推动了产业的发展，但在现阶段仍存在一些不足之处，亟待改进。以下是现阶段存在的不足之处及相应的建议。

（1）政策覆盖面不够广泛

当前橡胶产业政策主要关注大型企业和龙头企业，对中小企业的支持力度相对较弱。这导致中小企业在获得政策扶持、资金支持和技术创新方面面临挑战，限制了产业的整体发展。

对此，建议扩大政策覆盖面，关注中小企业的发展需求。例如，通过设立专项资金、提供税收优惠等方式，支持中小企业技术创新、市场拓展和人才培养。同时，鼓励大型企业与中小企业合作，推动产业链的完善和产业协同发展。

（2）政策执行力度有待加强

虽然政府出台了一系列橡胶产业政策，但在政策执行过程中存在一定程度的滞后和不到位现象，导致政策效果未能充分发挥。

对此，建议加强政策的监督和考核，确保政策落地实施。例如，建立政策执行监测机制，定期评估政策效果，对政策执行不力的地区和企业进行督促和问责。此外，加强政策的宣传和解读，让更多的企业了解和掌握政策信息，充分发挥政策的引导作用。

（3）政策协同性不足

当前橡胶产业涉及多个部门和领域，政策设计和实施过程中存在一定程度的分散和重复现象，影响到了政策效果的发挥。

对此，建议加强政策的协同性，实现政策的整合化和优化。例如，设立橡胶产业发展协调小组，统筹规划各部门和领域的政策措施，确保政策的协同推进。同时，加强与产业协会、企业等社会组织的沟通和协作，听取各方面的意见和建议，提高政策的针对性和有效性。

（4）政策创新不足

随着全球经济一体化进程的加快，橡胶产业面临着国际竞争加剧、需求结构变化等挑战。现阶段的政策在应对这些挑战方面还存在一定的不足，需要加大政策创新力度。

对此，建议根据橡胶产业发展的新形势，及时调整和完善政策措施。例如，加大对新兴产业、新材料、新技术的支持力度，推动橡胶产业创新发展。此外，还需关注国际市场变化，制定相应的产业政策，以提升橡胶产业的国际竞争力。

（5）政策对可持续发展关注不足

目前的橡胶产业政策在促进橡胶产业发展的同时，对环境保护和可持续发展方面的关注相对不足。

对此，建议更加注重可持续发展，在制定和实施橡胶产业政策时充分考虑环境保护和资源节约问题。例如，通过加强环境监管、设立绿色发展基金、推广绿色生产技术等方式，引导橡胶产业走可持续发展道路。同时，鼓励橡胶产业向循环经济、低碳经济转型，以提高产业资源利用效率和环境友好性。

综上所述，云南橡胶产业政策在当前仍存在一定的不足，需要加强政策的完善和创新，以推动橡胶产业的可持续发展。

6

云南省天然橡胶产业战略实施与保障

6.1 云南省天然橡胶产业发展的SWOT分析

6.1.1 优势分析（Strengths）

（1）区位优势

云南地处中国西南边陲，与老挝、缅甸和越南等产胶国接壤，且长期以来，云南边境各族同胞与这些国家的人民友好交往，甚至通婚，风俗习惯和语言文化亦极其相似。2021年12月3日，随着中老铁路开通运营，一直以来都是以汽车运输的天然橡胶供应链的压力相对减轻。今后，随着物流成本的降低，将大大减少企业的运营成本，使下游产品生产企业获得更多的利润，有利于橡胶产业的健康发展。同时，经由这些国家可直达泰国、马来西亚和柬埔寨等国。因此，在目前大力开展海外种植、不断拓展天然橡胶境外基地面积、持续提升天然橡胶产量的战略背景下，云南的地理位置优势是独一无二的。

（2）技术优势

云南是我国最早种植橡胶树的地区，经过60余年对天然橡胶的不断探索研究，形成了一套完整的高海拔植胶区高产综合技术，单产优势竞争力显著提升，创造了世界植胶史上的奇迹。目前，云南建成了我国最大的天然橡胶生产基地，其种植规模、干胶总产和单位面积产量均居全国首位。据不完全统计，2022年云南省天然橡胶种植面积达到841万亩，同比基本持平；投产面积为566万亩，同比增长 2.54%，干胶产量达 52 万吨以上，同比增长 2.56%。

（3）生态优势

云南拥有良好的自然环境条件，在发展天然橡胶产业方面，具有优于世界其他天然橡胶生产国的独特优势。一是气候优势。云南植胶区均属于南亚热带湿润半湿润气候，昼夜温差大，干湿季明显，能够促进橡胶树中有机物的积累、胶乳的合成和排胶。二是地理优势。云南植胶区靠近海洋，背靠高原和内陆，雨水丰富，光能充足，热量充沛，没有台风、暴风袭击，不易造成树干、树枝断裂，并且可以促进橡胶树快速生长。三是地形优势。云南北部山脉形成了一道天然的屏障，阻挡了北方冷空气的侵袭。随着南部海拔逐渐降低，以帚状展开的地形使得暖湿气流长驱直入，一直延伸到热带北缘，为橡胶树安全过冬提供了必要的条件。

6.1.2 劣势分析（Weaknesses）

（1）科技支撑力量不足

目前，云南从事天然橡胶种植和产品研发的科研机构和研究中心还比较少，天然橡胶的研究和技术推广服务体系比较薄弱，专业科技服务人员严重不足。近年来，天然橡胶价格持续走低，严重制约着云南天然橡胶产业的发展，不少橡胶科研人员转行，科技人才出现断层。由于植胶区偏远，从业人员缺乏与行业专家之间的交流和沟通，缺少对先进加工技术和产品质量管理趋势的了解，加上割胶工工作和生活条件比较艰苦、待遇水平差等原因，难以引进或者留住专业技术人才，致使生产一线缺乏专业技术人员。

（2）加工业发展滞后

云南的橡胶产业还停留在橡胶原料的生产上，精深加工发展滞后。一是初加工厂布局不合理。全省虽有 16 家万吨级以上的橡胶厂，但普遍存在加工工艺落后、批量小、产品性能差、环境污染严重、效益低等问题。二是产品结构单一。云南的天然橡胶产品主要是原料产品，产量增长缓慢的同时，产品结构调整也存在滞后等问题，对快速增长的橡胶消费需求明显有心无力。三是精深加工不足。作为原料生产大省，云南省每年橡胶制品深加工仅仅消耗天然橡胶原料不到 1 万吨，仅占全省产量的0.02%。四是产业结构不完善。目前对橡胶树、橡胶籽及橡胶废水综合利用的研发虽已取得显著成果，且进行了生产和应用，但未形成产业链和产业集群。

（3）行业管理有待提升

在云南，独立设有天然橡胶产业发展办公室的只有德宏州、普洱市等几个州市，行业管理滞后也是制约天然橡胶产业发展的一个重要因素。一是制定、管理和实施橡胶产业发展规划存在一定难度。胶树种植规划、良种推广、病虫害统一防控和技术规程的执行也是困难重重。二是缺乏对橡胶初加工建设的监管。加工布局不合理，产能严重过剩，市场无序竞争时有发生，对环境的污染也日趋严重。

6.1.3 机遇分析（Opportunities）

（1）国内市场需求刺激

国内的天然橡胶生产能力远不能满足国内市场需求，只能长期依赖进口。海关数据显示，2022年中国天然橡胶（含技术分类、胶乳、烟胶片、初级形状、混合胶、复合胶）累计进口606.13万吨，累计同比上涨12.78%。可见，我国需要从泰国、印度尼西亚、马来西亚等国家大量进口，才能弥补天然橡胶的供应缺口。在快速发展汽车工业的时代，未来我国对天然橡胶的大量进口将继续保持，天然橡胶市场拥有广阔的商机。

（2）产业扶贫政策引领

抢抓国家“乡村振兴战略”机遇，通过资源整合、贸易合作、信息共享、技术交流、上下游有机互动等合作共赢，推动天然橡胶产业发展。云南是中国最大最好的天然橡胶主产区，全省天然橡胶植胶面积近900万亩，占全国总面积的50%；天然橡胶产量近50万吨，占全国总产量的55%以上。尽管近年来橡胶价格持续低迷，但一棵棵橡胶树仍是不少边境百姓最重要的收入来源和脱贫致富的“希望之树”。自天然橡胶“保险+期货”精准扶贫的试点项目实施以来，国家共投入扶持资金3960万元，覆盖海南、云南153个贫困县，涉及天然橡胶量约33.6万吨，种植面积约40万亩，取得了良好的效果。天然橡胶产业发展为云南边疆山区百万群众脱贫致富、边疆社会稳定和国家战略资源供应保障发挥了重要作用。

6.1.4　威胁分析（Threats）

（1）合成橡胶扩展

天然橡胶树有 7~8 年的非生产期，生长速度缓慢，同时由于其产胶时间很短，因而生产成本较高。相较于天然橡胶，合成橡胶不受地域限制，短期内可大规模生产，且产品一致性好、个别性能强等优势明显。随着合成橡胶替代品的出现，部分领域逐步开始使用，并有大幅扩展的趋势。

（2）进出口贸易冲击

我国天然橡胶消费量位居全球首位，大量依赖进口将是今后的常态。泰国、印度尼西亚、越南和马来西亚等主产国的人力、种植成本远低于我国，亩产量却大大高于我国，使得其天然橡胶出口具有很大的优势。随着国内市场开发程度越来越高，降低甚至取消天然橡胶进口关税的趋势越来越明显。政府对天然橡胶生产企业的保护力度将逐渐减弱，而且云南紧邻天然橡胶生产大国，天然橡胶产将品遭遇更激烈的贸易壁垒阻击。

6.2　云南省天然橡胶产业发展战略分析

6.2.1　树立天然橡胶行业“战略突围”理念

随着技术的飞速发展，市场的不断变化，许多企业采用新产品的速度也在加快，新的包围圈正在形成。天然橡胶行业必须树立“突破，然后突破”的理念，具体可从以下两方面着手：

首先，技术部门和市场营销部门需对国内外天然橡胶行业的技术和消费市场进行详细调查，以确定该行业的发展方向。

其次，在论证的基础上，做出突破天然橡胶产业战略的决定：研发符合市场方向的产品，并形成自身产品的优势（进一步明确技术创新的发展思路：高端/中端/低端市场）。

6.2.2 明确天然橡胶行业的市场定位、产品定位和品牌定位

天然橡胶行业的市场定位、产品定位和品牌定位是三个主要的营销定位。定位是成功营销的第一步，任何成功的产品营销都有一个准确的定位，以适应相应的发展阶段，例如王老吉的“怕上火”，农夫山泉的天然水，阿里巴巴的中小企业交易平台等。

（1）市场定位

天然橡胶行业的市场定位是指企业对目标消费者或目标消费者市场的选择。在某种程度上，消费者或用户更重视产品的某些特性，如灵活性和核心利益。企业产品独特，令人印象深刻或感到独特，并通过一系列特定的营销组合将这种形象快速、准确、生动地传递给客户，进而影响客户对产品的整体感觉。

（2）产品定位

天然橡胶行业的产品定位是指企业对应于满足目标消费者或目标消费者市场的产品的定位。从理论上讲，应该首先进行市场定位，然后再进行产品定位。天然橡胶行业产品定位是选择目标市场并集成产品的过程，即将市场定位公司化和产品化的工作，可以使用天然橡胶行业产品差异定位方法、主要灵活性定位法、兴趣定位方法、用户定位方法、使用定位方法、分类定位方法、针对特定竞争对手的定位方法、关系定位方法、问题定位方法等进行定位。但无论哪一种定位，定位的基本方法都是比较，也就是性价比。不仅是产品性能和产品价格的比较，还有客户收入和支付的比例。而且，客户的利益可能是心理上的，也可能是服务上的。

天然橡胶行业的产品定位必须遵循两个基本原则，即适应性原则和竞争力原则。适应性原则包括两个方面：一是天然橡胶行业的产品定位应适应消费者的需求，投资他们喜欢的东西，然后将其提供给他们，以建立产品形象并促进购买行为；二是天然橡胶行业的产品定位应适应企业自身的资源配置条件，以保质保量、及时平稳地达到市场地位。

竞争力原则也可以称为差异原则。天然橡胶行业的产品定位不能是一厢情愿，必须根据市场上同一行业中竞争对手的情况（例如竞争对手的数量，他们各自的优势以及产品的不同市场地位等）来确定，以降低竞争风险并促进产品销售。例如，公司 B 的产品服务于高收入的消费者，而公司 A 的产品则定位于服务于低收入者；公司 B 的其中一款产品表现突出，而公司 A 的产品定位于其他一些灵活性方面，形成了产品差异化的特点。“人无我有，人有我优，人优我廉，人廉我转”是这一竞争原则应用的具体体现。

可以看出，天然橡胶行业的产品定位基本上取决于四个方面——产品、企业、消费者和竞争者，即产品的特征、企业的创新意识、消费者的需求偏好，以及竞争对手产品的市场地位。

（3）品牌定位

天然橡胶行业的品牌定位是基于市场定位和产品定位，对特定品牌的文化定位和个性差异做出的商业决策，它是建立与目标市场相关的品牌形象的过程和结果。

天然橡胶行业的品牌定位是市场定位的核心和表现。企业一旦选择了目标市场，就必须设计和塑造自己的相应产品、品牌和企业形象，以赢得目标消费者的认可。由于市场定位的最终目标是实现产品销售，而品牌是公司传播产品相关信息的基础，也是消费者购买产品的主要依据，因此品牌成为产品与产品之间的桥梁。

消费者具有不同的类型，不同的消费水平，不同的消费习惯和偏好，天然橡胶行业的品牌定位必须从主客观条件和因素出发，寻找符合竞争目标要求的目标消费者。在细分市场中根据特定细分市场，满足特定消费者的特定需求，找出市场空白，细化品牌定位。消费者的需求在不断变化，企业还可以根据时代的特点和新产品的开发情况，引导目标消费者产生新的需求，形成新的品牌定位。天然橡胶行业的品牌定位必须打动顾客，唤起顾客的内心需求，这是品牌定位的重点。

6.2.3 寻求突破和创新

只有创新者才能进步，只有创新者才能强大，只有创新者才能赢。“科技是第一生产力”，一个好的公司只能规模化、高质量，一个强大的公司必须依靠技术的创新和应用，天然橡胶行业也是如此。

（1）基于消费升级的技术创新模型

中国经济正在从投资主导型向消费主导型转变，天然橡胶技术创新必将导致消费升级。不断变化的消费习惯、变革的消费模式以及重塑的消费过程，催生了各种消费形式，例如跨区域、跨境、线上线下、体验分享等多种消费业态兴起。

基于消费升级的天然橡胶技术创新模式仍然是创新的方向。无论技术如何发展，它仍然是一种工具。品牌的生存和发展需要品牌力、产品力和消费力的整合，而不能仅仅依靠某种技术的迭代。

（2）创新促进天然橡胶行业的发展

天然橡胶行业创新的关键是大数据、云计算、物联网、人工智能等信息技术的创新，以及业态和模式的创新、商品和服务的创新。信息技术的创新，可以降低物流成本、运营成本、管理成本，提高效率，提高竞争力；技术创新，可以有效推动业态和模式创新；业态和模式的创新，可以更好地满足消费者多元化、多层次、多方位、个性化的需求；商品和服务的创新，可以激发潜在消费，提高边际消费率，扩大消费。

过去，业态“标准化”“模式化””的发展是我国天然橡胶行业发展的一个突出特点。在当前和未来消费日益高级化、个性化、多元化的消费成为主流的新环境下，“模式”的发展已不能适应新业态、新消费。要加快新技术、新业态、新模式创新，首先，要解决消费者对差异化商品和服务的追求与天然橡胶行业销售商提供标准化、模块化运营的矛盾；其次，天然橡胶商家只有控制商品的定价权，拥有自己独特的商品才能获得市场准入优势。在新业态和新模式创新方面，中小天然橡胶企业是创新的中流砥柱和生力军。同时，还应重视占市场 90% 以上的中小天然橡胶企业的创新，通过全行业的主动创新，促进我国天然橡胶行业的高质量发展。

（3）尝试业态创新和品牌创新

对于天然橡胶行业而言，企业为消费者提供的产品和服务始终是消费者最关心的核心问题。面对瞬息万变的消费需求，更适应消费者需求的业态和品牌有望帮助企业覆盖更多的客户群体，实现经济的持续增长。例如，以现有品牌为基础，向“小而精”拓展，尝试商业店、旅游店、社区店、商场等新模式，利用品牌影响力和多年的经营经验，缩短获利时间。

（4）自主创新 + 品牌

没有创新的企业是没有灵魂的企业，没有核心技术的企业就是没有骨干的企业。众多中国天然橡胶企业在国际分工“微笑曲线”底部的“制造”环节，默默地为他人制作“婚纱”，而研发、品牌、销售等高端环节被发达国家的跨国公司所控制。中国企业要想推动企业发展，只能靠扩大规模和降低成本，这就造成了竞争性降价和低价竞争的恶性循环。

天然橡胶行业品牌是品质的象征，是信誉的凝聚，是经济的名片。《中国制造 2025》确定的战略任务之一是加强质量品牌建设，鼓励天然橡胶企业追求卓越品质，形成具有自主知识产权的名牌产品，不断提升天然橡胶企业的品牌价值和整体形象。这对于加快中国产品向中国品牌的转变，无疑具有重大的现实意义和深远的历史意义。

目前，随着国外技术贸易措施的增多和国内竞争的加剧，市场供过于求的矛盾越来越突出。然而，在如此严峻的市场环境下，一些世界知名品牌的市场份额并没有减少，反而越来越大，无品牌企业的“裂缝”也就越来越窄。因此，创立自己的品牌，树立良好的品牌形象，变得空前重要和紧迫。

6.2.4　制订宣传计划

策略一：学会做新闻、事件营销——低成本的传播工具

现在的企业营销，品牌传播是核心。因此，如何快速启动天然橡胶行业品牌建设，是品牌成长的关键要素。新闻效应是最有效的传播手段，比如农夫山泉挑战纯净水提升、微信红包活动、保定油条等，都是热点新闻形成的新闻效果，可让品牌快速传播。形成口碑效果，是品牌快速成长的捷径。

策略二：学会以优秀的品牌视觉设计突出品牌特色

什么是天然橡胶行业品牌？归根结底是一个视觉图腾。就像提到麦当劳，你会想到提到肯德基，你会想到美国上校的负责人；说到真正的功夫快餐，你会想

到李小龙的肌肉和双节棍；提到58同城网站，你会想到那只可爱的小驴子……像这样的经典案例就是品牌突围的重要工具。只有不忘初心的品牌，才有持久的生命力。

策略三：学会使用网络营销

网络营销的方法有很多种，其中大部分是低成本的营销工具，如关键词搜索、竞价排名、邮件、社区、论坛、即时通信等，这些都是互联网中常见的营销工具。近年来流行的“微营销”系统就是一种低成本、高性价比的营销方式。与传统营销方式相比，“微营销”主张通过虚拟与现实的互动，建立一个涉及研发、产品、渠道、市场、品牌传播、推广、客户关系的“更轻”、更高效的营销方式。目前，“微营销”一般是指微信营销和微博营销，是企业快速传播品牌、建立口碑效应的最佳方式。

6.3 云南省天然橡胶产业的战略使命与目标

6.3.1 战略使命

云南天然橡胶产业的战略使命，即抓住新一轮科技与产业革命的战略机遇，以习近平新时代中国特色社会主义思想为引领，围绕“巩固、促进、提升、保障”的橡胶产业发展方针，巩固云南天然橡胶生产能力，扛稳天然橡胶安全的云南责任，全面提升天然橡胶资源供应保障能力，确保国家战略物资安全。同时，肩负稳固边疆、增强民族团结、繁荣边疆经济、维护社会稳定等重要使命。

6.3.2 战略目标

云南天然橡胶产业的总体战略目标，即云南天然橡胶产业以保障国家天然橡胶供给安全为己任，以提高橡胶产业职工和胶农收入、增强天然橡胶产业竞争力为核心，着力推进行业整合重组，适度规模扩展和橡胶制品深加工，加快实施“科技兴胶”“走出去”等发展战略，进一步提高产业集约化水平，努力把云南天然橡胶产业建成具有全球视野、拥有创新文化、善于汲取先进技术和理念的支柱产业。

6.4 云南省天然橡胶产业的竞争力

一是基于地理优势的海外拓展战略。结合国家“一带一路”倡议和境外罂粟替代种植项目等的实施，以中国（云南）自由贸易试验区建设为契机，大力实施海外拓展战略，提高对境外资源和产业的掌控能力。区域上，宜巩固老挝和缅甸市场，大力拓展泰国、马来西亚和印度尼西亚等国家的市场，并逐步向科特迪瓦等西非国家延伸；方式上，以资金和技术为主，加大对天然橡胶加工业和贸易物流等领域的投入力度；政策上，积极争取国家加大对出口企业的政策性补贴和财政贴息力度，鼓励省内橡胶企业发展境外产业园，建立稳定的优质原料种植、加工和物流基地。

二是基于差异化优势的精品战略。初加工方面，根据云南主要植胶区的资源量，以发展20号标胶为主要抓手，积极整合资源，优化区域结构，通过优化升级加工工艺和设备，以标准化提高和保证产品质量一致性；深加工方面，加大技术研发和招商引资力度，大力发展轮胎、力车胎、胶管带、胶鞋及乳胶制品等产业。此外，支持白坚木皮醇、橡胶籽壳、橡胶木等非胶物质和废弃物的综合开发利用，不断提升市场竞争力。

三是基于生态优势的可持续发展战略。充分发挥云南南部、西南部植胶山区半山区生态良好、物种多样等优势，通过大力培育和引进综合性龙头企业，促进环境友好型胶园建设及林下种养、胶园旅游等产业的发展，逐步推广“四化”（区域化布局、规范化管理、标准化生产、产业化经营）发展模式，不断挖掘天然橡胶及其相关产业新的经济增长点，汇聚土地、资金、人才、科技等产业发展动能，提高产业发展效率和效益。

6.5 云南省天然橡胶产业的战略实施

6.5.1 保持产业链供应链稳定

（1）建设天然橡胶储备库

实施“扩胶稳胶”方针，加强与周边国家及其相关组织的联系，共同编制天然橡胶区域发展规划，将天然橡胶产业纳入农业经济合作框架，建立天然橡胶资源长效发展与安全供给机制；深化天然橡胶经济技术合作，提升中外合作天然橡胶产业研发与服务能力；建立境外天然橡胶资源储备基地，扶持有开发合作基础和实力的农业龙头企业，通过租赁土地、技术管理、劳务输出等多种举措，开展橡胶替代种植以及木材加工和贸易等合作，构建和形成稳定的天然橡胶资源供给源，提升天然橡胶的供给能力。

（2）开展“橡胶树种质资源安全保存”行动

着力推进橡胶树种质资源安全保障能力建设，在种质资源收集、整理、鉴定、评价和创新的基础上，提升橡胶树种质资源保存及利用水平。积极参加国际天然橡胶研究与发展委员会组织的国际合作与交流活动，开展橡胶树种质材料交换或引进原产地野生种和近缘种，以丰富云南省橡胶树种质资源。挽救原有橡胶树种，如矮生和半矮生资源树种、早花资源树种、多倍体资源树种等对杂交育种有益的资源树种。研究和发掘适合不同生态区的高产种质资源和产量相关性状基因，促进橡胶树新品种选育。

（3）实施“保面积、保产能、保队伍”专项政策

研究制定云南提升天然橡胶生产能力、供应能力和控制能力的发展规划，保障国民经济关键领域用胶安全。对于云南在境外投资的符合条件的天然橡胶资源开发项目，建议参照云南有关专项资金管理办法和规定给予资金支持。出台天然橡胶生产保护区精准支持政策，把扶持天然橡胶产业发展纳入主产区地方政府的乡村振兴重点政策清单，支持云南天然橡胶主产区开展天然橡胶收入保险试点，

全面落实现有橡胶树良种补贴、农业机械购置补贴、天然橡胶政策性保险试点等政策，积极争取国家有关部门设立地力保护补贴政策，大力实施橡胶树非生产期抚育补贴政策，以提高胶农植胶的积极性。研究提升民营天然橡胶企业的科技创新能力政策，在技术培训、技术推广、技术咨询等方面给予普惠性政策支持，对天然橡胶加工企业给予金融方面的政策扶持。

6.5.2　坚持生产与生态保护相协调

（1）实施胶园更新计划

按照产业化、规模化、标准化、商品化发展目标，调整和优化橡胶树种植结构，在橡胶树优势种植区，全面更新树龄在35年以上的低产胶园，提高国内新选育的高产高抗优良橡胶树种比例。在适宜种植区，逐步推广应用更适宜开展长期复合种植的宽窄行和宽行密株橡胶树新型种植模式，改善橡胶树单一种植方式，以提高胶园的抗市场风险能力。加强对中幼龄胶园的抚育管理，加大对低产低质胶园的更新定植，构建综合生产条件优异的胶园。对多年割胶达到更新标准的老胶园超前谋划逐年更新计划并落实更新指标，加强胶园水路和电路等基础设施建设，加快橡胶树品种换代、新品种繁育和新栽培生产技术的全面推广应用，建设速生、高产、稳产、优质、高效的新一代胶园。

（2）大力推进生态胶园（胶厂）建设

研究适宜云南的区域性生态胶园建设标准，大力推广生态胶园绿肥覆盖、测土配方施肥技术，增施缓释肥、有机肥，集成示范复合生态栽培管理与绿色防控技术，改造升级植胶装备，构建以橡胶树种植为主的复合生态系统。兼顾经济和生态效益，建设一批基于现有橡胶树林与新型种植橡胶树林的新型复合种植示范基地，因地制宜发展橡胶—魔芋、橡胶—香蕉、橡胶—中药材、橡胶—灌木/牧草—畜等橡胶树林下经济套种模式，推行以“林下植灌、灌下养畜”为主导的立体复合种养型模式。在橡胶树种植中心区关、停、并、转生产条件差、环保不达标、产能低下的初加工厂，建设或改建一批符合国家节能减排、环保标准、年产能在5万吨以上的加工厂，解决好天然橡胶初加工废水和废气处理问题。

6.5.3 培育大主体、建设大平台

（1）内培外引“大胶企”

充分发挥云胶集团在天然橡胶产业中组织管理、生产技术、产品品牌等多方面的优势，按照市场和价值规律，对云南天然橡胶资源进行整合，形成集团化、股份化、产业化经营，增强省内市场控制力。依托云南农垦集团有限责任公司大平台，加强天然橡胶新产品宣传，支持云胶集团在国内主板上市，做优“云象”“金凤”等商标品牌，做大做强天然橡胶产业。加大对民营天然橡胶企业的整合，逐步淘汰污染严重、高消耗、低产值的加工厂，扩大加工生产规模化效应，提高橡胶加工业的准入壁垒，调整产业加工布局，形成云南天然橡胶优势规模经济。加强与中策橡胶集团股份有限公司、山东玲珑轮胎股份有限公司、厦门正新橡胶工业有限公司、赛轮集团股份有限公司和青岛森麒麟轮胎股份有限公司等国内知名轮胎企业的交流与合作，借助知名轮胎企业产品、品牌、服务等优势，不断拓展天然橡胶供应链品类、扩大供应链规模，进而为客户提供极具竞争力的供应链服务，实现降本增效，赋能产业链，提升云南天然橡胶产业的影响力。抢抓胶价低迷的市场机遇期，支持云胶集团进入东南亚市场，通过直接投资或资金注入等方式，并购在种植、加工、贸易等全产业链各环节的优质公司，优先批准高端天然橡胶产品和橡胶衍生产品生产线建设用地申请。引入天然橡胶产业“链主”企业，打造世界一流的天然橡胶全产业链集团，增强云南在国际天然橡胶行业中的话语权和地位，提升云南天然橡胶的国际市场影响力和竞争力。

（2）打造国际“大胶场”

建设中国（云南）天然橡胶商品交易专业市场，采取产销直挂、网上交易等现代化营销方式，拓宽天然橡胶产品销售渠道。加强天然橡胶产业信息渠道及网络平台建设，及时向社会提供国内外天然橡胶产业发展动态、天然橡胶产品供求信息和科技信息，为天然橡胶企业和胶农规避市场风险提供可靠信息。打造云南国际天然橡胶交易中心升级版，构建集仓储、物流、贸易、信息和服务于一体的现代化产业生态体系，努力建设中国乃至世界天然橡胶定价中心和交易中心，加强对国内外天然橡胶资源的掌控。依托上海期货交易所，与具备实力的期货公

司和保险公司通力合作，继续开展天然橡胶交易的“保险+期货”试点，在云南植胶区大力推进天然橡胶场外期权产业扶持项目。

6.5.4 加速科技创新赋能

（1）建设天然橡胶技术创新中心

支持云南省天然橡胶加工工程技术研究中心发挥关键作用，依托云南农垦创建云南省天然橡胶技术创新中心，重点突破用于航空轮胎和工程机械轮胎等的高性能天然橡胶产品关键技术持续研究与产业化、白炭黑和黏土等改性填充以及生物蛋白酶生物复合凝固剂等在天然橡胶产业端应用研究与工业化、天然橡胶湿法混炼新工艺研究与产业化、天然橡胶绿色加工技术及智能装备集成研究与应用、胶乳新产品研究与产业化、橡胶减震新产品研发与产业化、天然橡胶生产废水和废气处理技术集成研究与应用等，进一步巩固产业优势，不断推动天然橡胶高价值产品研发和生产。鼓励天然橡胶产业链中的省内相关企业、高校、科研院所共同组建新型研发机构、平台型公司等。大力实施天然橡胶重大科技专项，联合国内重点科研院校，重点开展以橡胶树新品种培育和种植栽培管理、天然橡胶加工工艺、生产装备和新产品开发为核心的多学科创新性研究，加强研究的深度合作，构建具有云南特色的学科和科学研究体系，提升云南天然橡胶产业科技创新能力。开展天然橡胶全产业链信息化、数字化、智慧化试验示范，推进科技创新和共性技术研发，探索橡胶树智能割胶、橡胶园智慧监管、天然橡胶智慧收购等天然橡胶产业人工智能技术应用场景，推动天然橡胶产业转型升级。

（2）实施天然橡胶延链创新工程

聚焦天然橡胶产业链中的高附加值环节，在巩固和发展现有天然橡胶制品工业的基础上，推进天然橡胶原料初加工向高性能、复合型橡胶材料方向发展。加大天然橡胶精深加工领域技术改造和研发投入力度，增加高等级轮胎用胶、建筑减震用胶、浓缩胶乳等专用天然橡胶比例，提高天然橡胶深加工产值和效益。依托各类园区引进技术合作伙伴、新技术及新设备，扩大建筑桥梁减震垫、动车减震垫、汽车部件等天然橡胶制品生产规模，培育天然橡胶产业发展新优势。加强用于医疗、海洋、汽车等领域的天然橡胶产品的研发，提高天然橡胶产品的科技含量和附加值。以《区域全面经济伙伴关系协定》（RCEP）生效实施为契机，加快发展天然橡胶贸易、天然橡胶制品、天然橡胶仓储与物流等下游产业，使天然橡胶更多的附加值保留在产区，促进上中下游产业深度融合发展，推进天然橡胶全产业链延伸、价值链提升。

6.6 云南省天然橡胶产业战略实施的政策保障

6.6.1 建设云南天然橡胶国家优势特色产业集群

围绕天然橡胶产业链，强化生产、加工、流通、技术研发、公共服务等方面，建设云南天然橡胶国家优势特色产业集群，必将推动先进要素向天然橡胶产业聚集，从而促进产业转型升级和绿色高质量发展。云南建设天然橡胶国家优势特色产业集群，具备以下优势和条件：目前，云南天然橡胶种植规模、干胶总产和单位面积产量均居全国首位。作为我国天然橡胶生产保护区内最大最好的生产基地和国家天然橡胶供给主力军，2021 年云南为国内 14.56% 的天然橡胶供应自给率贡献了 8.47 个百分点，有力保障了国家战略资源供应安全。同时，天然橡胶是云南重要的优势特色产业，覆盖了 6 个州（市）30 个县（市）的 16 个民族，从业人员达 56.14 万人，为云南边疆山区近百万群众脱贫致富、边疆社会稳定发挥了极其重要的作用。

6.6.2 完善云南植胶农户直接补贴机制

近年来，云南省胶农每亩收益仅 1000 元左右，生产积极性严重受挫，橡胶种植规模大幅下降，全国种植面积自 2016 年最高 1766 万亩逐步降至 2021 年的 1683 万亩，降幅为 4.7%，当年弃管 149 万亩、弃割 102 万亩、改种 16 万亩，其中云南由 888 万亩降至 841 万亩，降幅达 5.3%，弃割 72.7 万亩、弃管 53.7 万亩、改种 6.5 万亩，产能基础被严重削弱。天然橡胶作为国家“两区”划定的重要农产品，全国已划定生产保护区 1800 万亩，其中云南 900 万亩。因此，建议参照粮食作物的种粮补贴政策，完善植胶农户补贴机制，对植胶农户履行橡胶树保有责任的每年给予100元补贴，每年补贴云南850万亩胶园共8.5亿元，以稳定天然橡胶种植规模，夯实天然橡胶产能基础。

6.6.3　加大对云南民营胶园的政策倾斜力度

目前，云南民营胶园发展缓慢，基础设施较为薄弱。“十三五”期间和“十四五”头两年，中央分别投资3.69亿元、4.43亿元，在云南省国有农场实施天然橡胶生产能力建设项目53个，改善66.5万亩胶园基础设施，不断夯实产业基础。“十四五”期间云南省探索民营胶园纳入天然橡胶生产能力建设项目覆盖范围，前期已开展项目储备，向国家建议立项2个民营胶园项目，并计划每年选择优秀的民营胶园3～5个，每个项目申请中央财政2000万～3000万元资金扶持，加强胶园道路、收胶站、储胶池等基础设施建设，提高民营胶园优质原料生产供应能力。因此，建议给予云南民营胶园更多的项目支持，并给予资金倾斜。

6.6.4　加大对胶园非生产期抚育的扶持力度

虽然国家自2015年起实施天然橡胶林业补贴试点项目，每年下发给云南资金2000万元、补助非生产期胶园抚育20万亩，调动了植胶者的积极性，促进了非生产期胶园的抚育管理，但项目一直处于试点阶段，每年补助面积只占全省160余万亩非生产期胶园的12%，因此建议扩大林业补贴范围至全部非生产期胶园，按每亩每年补助100元计，共补助云南1.6亿元，以确保橡胶产能持续稳定。

6.6.5　探索和支持特种胶园建设

鉴于农业农村部特种胶园划定初步安排，将在全国启动划定特种胶园50万亩、生产特种胶2.4万吨，其中云南20万亩、0.96万吨，建议尽快启动和支持特种胶园建设，健全配套生产技术体系，夯实特种胶等高端原料胶的供应基础，在政策和项目资金上给予云南倾斜。

6.6.6 支持生态胶园建设和智能割胶

目前，云南通过发展生态胶园，推行“山顶戴帽、沟谷峭坡还林，林间套种、林下地表覆盖”和“片段化、网格化、立体化”立体复合种养模式，以增加生物多样性、提升胶园生态功能，同时提高土地利用率，增加胶农收入。因此，建议组织开展生态胶园建设和认定工作，对经认定的生态胶园通过财政奖补方式，给予每亩400元一次性补助，每年补助云南5万亩、资金2000万元，以加快推进天然橡胶产业高质量发展，保障天然橡胶面积稳定和战略资源有效供给。同时，支持智能化采胶机的试验示范和推广。

6.6.7 进一步健全产业风险防范和保障机制

虽然国家实施了天然橡胶农业种植保险，弥补了胶农因自然灾害导致的树体损失，但目前天然橡胶产业最大的风险还是价格低。海南于2018年启动实施了橡胶价格（收入）保险，对助力天然橡胶产业振兴、胶农（工）增收起到了重要作用。云南前期虽然组织了西双版纳州勐腊农场、普洱市江城橡胶公司以及人保、太保公司多次研究，计划在勐腊和江城县农场试点开展5万～10万亩，目标保障价15000元/吨、每亩约定产量80公斤、每亩保费199.2元，保费由中央和省级补贴50%、市县两级补贴30%、农场自缴20%，但是由于州市级财政资金难以保障，实施起来仍是困难重重。因此，建议自上而下、高位推动天然橡胶收入保险政策在全国实施，以保障胶农收入，保障天然橡胶种植面积和产能稳定。

参考文献

[1]Barlow, C., Jayasuriya, S. and Tan, C. S., 2014. The world rubber industry. Routledge.

[2] Kogevinas, M., Sala, M., Boffetta, P., Kazerouni, N., Kromhout, H. and Hoar-Zahm, S., 1998. Cancer risk in the rubber industry: a review of the recent epidemiological evidence. Occupational and Environmental Medicine, 55 (1).

[3]Barlow, C., 1978. The natural rubber industry. Its development, technology, and economy in Malaysia. Oxford Univ. Press.

[4]Jawjit, W., Kroeze, C. and Rattanapan, S., 2010. Greenhouse gas emissions from rubber industry in Thailand. Journal of cleaner production, 18 (5).

[5] Mohammadi, M., Man, H. C., Hassan, M. A. and Yee, P. L., 2010. Treatment of wastewater from rubber industry in Malaysia. African Journal of Biotechnology, 9 (38).

[6]Mohamad Aini, N. A., Othman, N., Hussin, M. H., Sahakaro, K. and Hayeemasae, N., 2020. Lignin as alternative reinforcing filler in the rubber industry: a review. Frontiers in Materials, 6.

[7]Sorahan, T., Parkes, H. G., Veys, C. A., Waterhouse, J. A., Straughan, J. K. and Nutt, A., 1989. Mortality in the British rubber industry 1946 – 85. Occupational and Environmental Medicine, 46 (1).

[8]Song, K., 2017. Micro – and nano-fillers used in the rubber industry. In Progress in Rubber Nanocomposites. Woodhead Publishing.

[9]Fishbein, L., 1991. Chemicals used in the rubber industry. Science of the total environment, 101 (1 – 2).

[10]Barham, B. and Coomes, O., 1994. Wild rubber: Industrial organisation

and the microeconomics of extraction during the Amazon rubber boom（1860－1920）. Journal of Latin American Studies，26（1）.

[11]Bauer，P. T.，1948. The rubber industry：a study in competition and monopoly. London：Plastics and Rubber Institute.

[12]Case，R. A. M. and Hosker，M. E.，1954. Tumour of the urinary bladder as an occupational disease in the rubber industry in England and Wales. British journal of preventive & social medicine，8（2）.

[13] Dannenberg，E. M.，1982. Filler choices in the rubber industry. Rubber Chemistry and Technology，55（3）.

[14]Kromhout，H. and Heederik，D.，1995. Occupational epidemiology in the rubber industry：implications of exposure variability. American journal of industrial medicine，27（2）.

[15]孙向前，黎晟沅．云南天然橡胶产业高质量发展策略与思考[J]．橡胶工业，2023，70（6）.

[16]范刚．云南省天然橡胶产业发展研究[M]．昆明：云南科学技术出版社，2017.

[17]刘锐金，伍薇，罗微．海南省天然橡胶产业展望与战略研究[M]．北京：中国农业出版社，2021.

[18]杨春，高东阳，李敏，等．云南天然橡胶产业发展的机遇与挑战[J]．橡胶科技，2023，21（4）.

[19]古希全，李维锐．云南天然橡胶产业现状及其发展前景[J]．云南热作科技（1)：21－24，28.

[20]王雪娇，陈良正，李隆伟，等．促进云南省天然橡胶产业可持续发展的建议研究[J]．江西农业学报，2019，31（7）.

[21]任泽玉，王挺，刘晴晴．云南省天然橡胶的引进种植及本土化历程[J]．乡村科技，2019.

[22]毛昭庆，罗雁，张焱，等．基于SWOT分析的云南天然橡胶产业发展战略研究[J]．中国热带农业，2019，1.

[23]中国天然橡胶进口依存度持续过高的原因及应对策略[EB/OL]. https://www.wenmi.com/article/pqoqzu00qxo6.html.

[24]国际天然橡胶近期生产概况与市场分析[J]. 世界热带农业信息, 2009(5).

[25]李春曼. 近期国内天然橡胶市場动态[J]. 中国橡胶, 2009(3).

[26]中国橡胶发展历史[EB/OL]. https://www.docin.com/p-2013331923.html.

[27]东南亚天然橡胶产业现状与发展趋势研究[EB/OL]. https://www.docin.com/p-1124178000.html.

[28]姚天园. 中国天然橡胶进口依存度持续过高的原因及应对策略[EB/OL]. https://wenku.baidu.com/view/8ec0da6e01768e9951e79b8 9680203d8ce2f6abb.html? _wkts_ =1688952760643&bdQuery=%E6%B7%B1%E5%BA%A6%E5%88%86%E6%9E%90%3A%E8%BF%99%E7%AF%87%E6%96%87%E7%AB%A0%E6%8A%8A%E4%B8%9C%E5%8D%97%E4%BA%9A%E6%A9%A1%E8%83%B6%E4%BA%A7%E4%B8%9A%E8%AF%B4%E9%80%8F%E4%BA%86.

[29]安泽伟, 黄华孙. 分子标记在橡胶树遗传育种中的应用[J]. 热带农业科学, 2003(4).

[30]陈雄庭. 橡胶幼态微型芽条的离体培育及其籽苗芽接法的研究[D]. 海南: 华南热带农业大学, 2007.

[31]陈文. 河口县国营农场改革发展调查与研究[J]. 红河探索, 2014, (1).

[32]邓祥丰, 肖苏伟, 曹建华, 等. 基于软轨行走的全自动采胶机设计与实现[J]. 中国农机化学报, 2021, 42(12).

[33]方分分, 杨文凤. 割胶(伤害)对橡胶树胶乳生理及产胶排胶的影响研究[J]. 安徽农学通报, 2008(13).

[34]黄艳. 我国现代胶园胶树营养诊断叶片采样时间的研究[D]. 海口: 海南大学, 2010.

[35]和丽岗，肖桂秀，宁连云，等．云南橡胶树选育种现状和展望[J]．热带农业科技，2010，33（1）．

[36]何云，濮文辉，洪青梅，等．中国热带作物种质资源发展的重要进展和趋势[J]．中国热带农业，2022（4）．

[37]李明谦．云南橡胶树气刺微割采胶新技术研究应用进展[J]．热带农业科学，2010，30（8）．

[38]李维锐．云南天然橡胶产业创新发展科技需求与科技创新方向[J]．热带农业科技，2013，36（1）．

[39]刘振溪，张宗娟．橡胶树遗传育种中的分子标记技术应用研究[J]．湖北林业科技，2005（1）．

[40]孙小龙，和丽岗，梁国平，等．橡胶树品种云研77－2茎芽诱导体系优化及移栽管理[J]．热带作物学报，2009，30（11）．

[41]妥燕方．云南河口地区橡胶产业发展SWOT分析及战略选择[J]．企业研究，2014（14）．

[42]吴春太，李维国，黄华孙．近年来国内外橡胶树种质资源与育种方法研究新进展[J]．西北林学院学报，2013，28（2）．

[43]吴明，罗世巧，校现周．橡胶树新品种热研7－33－97早刺激产量和生理效应研究初报[J]．云南热作科技，2000（3）．

[44]伍英，张桂梅，岩利，等．天然橡胶乳清中白坚木皮醇的规模化提取技术研究[J]．天然产物研究与开发，2017，29（6）．

[45]杨春霞，丁华平，许木果，等．云南山地橡胶树的养分空间变化特征[J]．热带作物学报，2018，39（10）．

[46]岩香甩，周增春，董建娅，等．西双版纳环境友好型生态胶园建设实践与展望[J]．中国热带农业，2021（6）．

[47]余卓桐，王绍春，郑服从，等．粉锈宁防治橡胶白粉病试验研究[J]．热带作物学报，1989（2）．

[48]曾霞，黄华孙．国内外橡胶树种质资源收集保存及其研究进展[J]．热带农业科技，2004，27（1）．

[49]曾霞，黄华孙．我国天然橡胶技术发展现状与展望[J]．中国热带农业，2021（1）．

[50]曾霞，郑服丛，黄茂芳，等．世界天然橡胶技术现状与展望[J]．中国热带农业，2014（1）．

[51]陈明文．我国天然橡胶产业发展形势与因应策略[J]．农业经济问题，2016，37（10）．

[52]刘少军，周广胜，房世波．中国橡胶树种植气候适宜性区划[J]．中国农业科学，2015，48（12）．

[53]祁栋灵，王秀全，张志扬，等．中国天然橡胶产业现状及其发展建议[J]．热带农业科学，2013，33（2）．

[54]刘海清，方佳，张慧坚，等．中国天然橡胶产业现状研究[J]．广东农业科学，2009（9）．

[55]柯佑鹏，过建春．中国天然橡胶安全问题的探讨[J]．林业经济问题，2007（3）．

[56]周钟毓．中国天然橡胶业50年[J]．热带农业科学，2000（5）．

[57]蒋菊生，周钟毓．21世纪初中国天然橡胶生产、消费、贸易预测[J]．热带农业科学，1999（6）．

[58]李维锐．云南天然橡胶产业创新发展科技需求与科技创新方向[J]．热带农业科技，2013，36（1）．

[59]张立群，张继川，廖双泉．天然橡胶及生物基弹性体［M］．北京：化学工业出版社，2014.

[60]何长辉，莫业勇，刘锐金．中国天然橡胶生产能力预测分析（2019—2025年）［J］．林业经济问题，2020，40（3）．

[61]鞠岩峰，张剑，吴润，等．天然橡胶种植现状及市场需求预测分析［J］．林业资源管理，2014（1）．

[62]韦周晓．我国天然橡胶产业发展的困境及其对策分析[J]．南方农业，2020，14（6）．

[63]李维锐，赵国祥，侯丹．云南天然橡胶产业高质量发展对策[J]．热带

农业科技，2022，45（3）．

[64]刘锐金，黄华孙．“十四五”时期推动天然橡胶产业健康发展的思考[J]．中国热带农业，2021（4）．

[66]王雪娇，陈良正，李隆伟，等．促进云南省天然橡胶产业可持续发展的建议研究[J]．江西农业学报，2019，31（7）．

[66]范刚．云南天然橡胶产业发展的新途径[J]．农村经济与科技，2018，29（22）．

[67]汪铭，陈志伟，罗星明，等．云南天然橡胶产业发展情况及政策建议[J]．中国热带农业，2014（5）．

[68]鄢文光，毛昭庆，王雪娇，等．云南省天然橡胶产业转型发展路径研究[J]．中国热带农业，2020（6）．

[69]毛昭庆，罗雁，张焱，等．基于SWOT分析的云南天然橡胶产业发展战略研究 [J]，中国热带农业，2019（1）．

[70]吴淑华，杨逸雯．从专利申请分析轮胎企业的研发能力及轮胎技术发展[J]．轮胎工业，2021，41（5）3.

[71]高宏华，丰明，王大鹏，等．2015年国内外天然橡胶科研进展研究[J]．中国热带农业，2017（1）．

[72]李一萍，荼正早，李玉萍，等．天然橡胶研究前沿及其演进的可视化分析[J]．热带作物学报，2019，40（4）．

[73]李一萍，胡小婵，谢龙莲，等．天然橡胶新兴趋势科学计量分析[J]．热带农业科学，2020，40（3）．

[74]吴小虎．加强天然橡胶质量控制之我见[J]．科技致富向导，2012（5）．

[75]李娅，缪靖羽．中国与东盟天然橡胶产业合作分析：“一带一路”背景下中国与东盟地区天然橡胶产业的再认识[J]．资源开发与市场，2016，32（10）．

[76]汪铭，陈志伟，罗星明，等．云南天然橡胶产业发展情况及政策建议[J]．中国热带农业，2014（5）．

[77]云南橡胶产业发展与机遇［EB/OL］.http：//www.yunken.com/？p=46952.

[78]胡建锋，杜亚光．关于华坤公司橡胶籽综合加工利用情况调研报告［J］．中国热带农业，2012（4）．

[79]蓝旻．天然橡胶“保险+期货”业务风险管理实务研究：以云南勐腊橡胶价格保险精准扶贫项目为例［EB/OL］.http：//www.qhrb.com.cn/2017/1105/220178.shtml.

[80]天然橡胶网．云南西盟县：天然橡胶“保险+期货”精准扶贫［EB/OL］.https：//www.yunken.com/？p=47805.

[81]刘宇欢．天然橡胶良种补贴政策满意度影响因素分析：基于海南和云南民营胶胶农的调查[D]．海口：海南大学，2015.

[82]张婧．西双版纳州环境友好型生态胶园建设调查研究[J]．云南农业大学学报（社会科学版），2015，9（4）．

[83]张红宇．发挥新型农业经营主体对改革的引领作用[N]．经济日报，2017-02-10（15）．

[84]张焱能，谭昕．新常态下海南民营橡胶产业发展现状及对策[J]．农学学报，2016，6（9）．

[85]白建坤．建设环境友好型生态胶园促进云南橡胶可持续发展[J]．中国农垦，2015（5）．

[86]赵向豪，陈彤．中国民族地区功能农业产业扶贫模式研究[J]．农业经济与管理，2018（5）．

[87]姜长云．推进农村产业融合的主要模式及其对农民增收的影响[J]．农业经济与管理，2017（4）．

[88]许悦，黄晓．橡胶树良种选育科技创新需求及对策研究[J]．科技创新与发展，2025（4）．